하늘빛과 일기장

힘움

하늘빛과 일기장

1판 1쇄 발행 2026년 4월 29일

저자 김옥녀

교정 신선미 **편집** 문서아 **마케팅·지원** 조아라
펴낸곳 (주)하움출판사 **펴낸이** 문현광

이메일 haum1000@naver.com **홈페이지** haum.kr
블로그 blog.naver.com/haum1000 **인스타그램** @haum1007

ISBN 979-11-7374-387-0(03200)

좋은 책을 만들겠습니다.
하움출판사는 독자 여러분의 의견에 항상 귀 기울이고 있습니다.
파본은 구입처에서 교환해 드립니다.

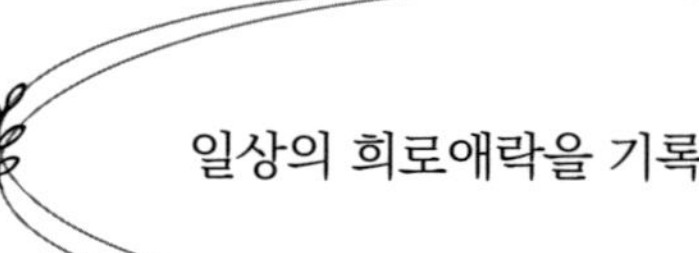

일상의 희로애락을 기록한 글이다.

4
일기장

3
공원에서

5
여행 수첩

6
가족사진

하나님께 영광

팔십을 넘어 구십을 바라보는 지금도 고향이 그립고 눈에 선하다. 내가 어릴 때 자라던 삼화에는 제일 높은 산이 두타산이고 두타산 다음으로 청옥산이 있다. 명승지들이 많은데 다 기억하지 못한다.

높고 낮은 산들이 병풍처럼 둘러 있다.

저시고개라 불리는 산이 있는데 그곳을 넘어가면 철암이란 곳으로 갈 수 있다. 용추폭포는 상탕, 중탕, 하탕으로 그 모습이 참 아름답다.

바위가 넓게 깔려 있는 무릉계곡, 베틀바위, 구들버당, 용트림하며 올라가는 형상의 용소 큰 강이 맑은 물이 흘러 흘러 큰 내를 이룬다.

우리 동네는 작은 마을인데 크고 작은 집들이 열 채가 되는 것 같다. 봄이 되면 우리 엄마와 머슴과 동네 아줌마들이 산속 깊은 곳에 가서 취나물, 개미추, 곤드레, 참나물, 더덕, 도라지 등등 많이 뜯어 왔다.

취나물, 개미추는 삶아서 말려 두었다가 겨울에 반찬으로 먹었다.

우리 집은 작은 동산 밑 양지쪽에 집을 지어 방이 많았고 부엌도 넓었다. 소죽을 끓이는 가마솥, 밥솥, 국솥이 있었고 아궁이에 불을 때서 무엇이든 끓였다.

외양간은 소가 죽을 먹고 잠자는 곳이다. 외양간에 횟대를 달아 놓아 저녁때면 닭들이 날아 올라가 거기서 잠을 자다 새벽이 되면 장닭이 홰를 치며 울어 날이 밝았음을 알린다.

바로 옆에 큰 곳간엔 많은 독과 갖가지 곡식이 들어 있었다.

뒤뜰에 장독대가 늘어서 있고 디딜방아도 있었다. 설에는 쌀을 빻아서 절편도 만들고 엿도 고아 조청도 만들어 절편에 찍어 먹던 생각이 난다. 이월 영등에는 팥시루떡을 해 먹고 추석에는 송편을 해 먹었다.

넓은 마당 가에는 앵두나무가 여러 그루 있어 봄에 분홍 꽃이 피고 앵두가 익어 다홍색이 되면 가지를 잡고 따 먹었던 생각이 난다.

그때가 좋았는데….

집을 두르고 있는 울타리에는 자두나무가 있어 흰색 꽃을 피운다. 꽃잎이 떨어질 때는 눈이 날리는 것 같았다.

감나무도 많았다.

배, 복숭아도 참 맛이 좋았다.

지금은 그런 맛을 볼 수가 없다.

할아버지가 한의사여서 논과 밭도 많았고 머슴도 있었다.

내가 어릴 때 잔병치레를 많이 해서 툭하면 열이 나고 떨며 앓았다. 하루살이 초학이라고 했다.

초등학교 다닐 때도 자주 앓았다.

할아버지가 나를 멍석에 말아 마당에 눕혀 놓고 소를 몰고 내게 와 나를 넘어가면서 '송장을 밟을라' 하시는데 소가 나를 밟지 않고 넘어갔다. 할아버지가 나를 멍석에서 꺼내 주시면 병이 나아 멀쩡해졌다.

나중에 내가 건강해진 이유를 알았다.

초등학교 다닐 때 선배가 일요일에 자기 집으로 오라고 해서 갔다. 갔더니 예배를 드리고 있었다. 나에게 앉으라고 해서 자연스럽게 예배를 드리게 되었다. '주의 음성을 내가 들으니' 찬송을 하는데 마음이 편안해지고 기뻤다.

예배를 드린 이후 앓는 일이 없었다.

그때는 몰랐는데 '내가 예수 믿고서' 찬송을 하는데 기억이 났다.

그때 하나님께서 나를 선택하셨다고 생각한다.

부모님 덕분에 가난을 몰랐었다.

잘 먹고 잘살았고 주머니에 돈이 떨어진 적이 없었다.

어느 날 친구의 소개로 남자를 만났다.

사귀다 보니 문제가 생겼고 부모님도 반대하셨다.

그래서 만나지 말자고 말을 하고 그 남자를 피했다.

집 앞에 큰 다리가 있는데 나가려면 꼭 그 다리를 건너야만 했다.

남자는 나를 보고 몇 번이나 당신을 위해 살겠다고 말했다. 나는 정말인가 해서 그 남자를 다시 만났고 살림을 차렸다. 큰딸을 낳고 사는데 남자는 생활력이 없었다. 나는 갖은 고생을 하면서 간신히 살았다.

그렇게 살아가다 보니 딸 둘을 더 낳고 직장을 얻어 일을 했다.

'이제 좀 나아지겠지' 하며 아들을 낳고 싶어 서른세 살에 아들을 낳았다. 아들을 낳아 몇 달이 되지 않았는데, 남편이 다른 여자와 사귀고 있다는 것을 알게 되었다.

'가난해도 참고 살았는데 사람을 잘못 봤구나!' 가슴을 치며 후회했다.

내 눈을 빼고 싶었다.

아이들이 넷이나 되는데 어쩌겠나, 참고 살아야지 생각하며 하루하루를 버티고 있었는데 어떤 분에게 전도를 받았다.

교회를 나가도 달라지는 게 없어 전도한 분에게 교회에 안 가겠다고 말했다.

그분이 구국제단에 한번 가 보쟈고 해서 따라갔다.

서서 구경을 하는데, "하나님이 계신다면, 나에게 임하신다면 열심히 믿을 텐데."라는 고백이 나왔다.

순간 두 팔에 찌릿찌릿 전기가 와 나도 모르게 사람들이 있는 곳에 앉았다.

전도사님이란 분이 다른 사람들을 기도해 주고 내게 와 머리에 손을 얹더니, 성령이 임했다고 말하며 내 가슴에 손을 대고 기도하는 데 속에서 울컥울컥 토악질이 나오더니 혀가 꼬부라지며 방언이 나왔다.

너무 기뻤다.

그때가 교회에 나간 지 사개 월이 되었던 때였다.

예배가 끝나고 집으로 오는데 성경책을 사야겠다는 생각이 들어 헌책방에 갔다. 성경책을 사서 집에 와 읽으려고 하는데 신약부터 읽으라는 감동을 받았다. 신약을 읽는데 '아멘, 아멘' 소리가 저절로 나왔다. 밤에도 잠이 오지 않아 밤새 성경을 읽었다.

그 후 새벽기도, 철야기도를 열심히 했다.

기원형 담임 목사님이 나에게 세례를 받으라고 하셔서 세례 문답을 하는데, 성경을 얼마나 읽었냐고 질문을 했다.

나는 신구약 한번 읽었다고 답했더니 놀라셨다.

교회를 다닌 지 육 개월 만에 세례를 받고 두 달 만에 신구약을 다 읽었다. 세례를 받고 난 후 목사님이 세례를 받고 삼 년이 지나야 집사를 주는데, 옥녀는 지금 권찰을 줄 터이니 구역예배에 참석해 권사들을 따라다니며 배우라고 말씀하셨다.

전도를 하면 사람들이 따라왔다.

부흥회를 하는 교회에 열심히 쫓아다니며 은혜를 받았다.

어떤 교회에서 부흥회를 한다기에 가서 기도를 하는데 강대상에 불꽃이 타올라 깜짝 놀라 눈을 번쩍 뜨고 보니 부흥 강사가 서 있었다.

'모세가 본 떨기나무 불이 바로 이거였구나.'

그날 하늘 문이 열리고 영안이 열려 환상을 보고 말씀을 주셨다.

기도하면 다 보고 알게 되었다.

소문이 나서 사람들이 시도 때도 없이 예배드리러 집으로 찾아왔다. 그러다 보니 집에도 문제가 생기고 이웃 사람들도 귀신 들렸다고 수군거렸다. 이래서는 안 되겠다 싶어 하나님께 기도를 드렸다.

'하나님! 날을 정해 주세요. 일주일에 한 번만 예배드리게 해 주세요.'

하나님이 목요일 예배를 정해 주셨다.

예수님이 말씀하신 것처럼 거저 받았으니 거저 주라고 하셨다.

그렇게 사십 년 동안 헌금을 받지 않고 목요제단을 쌓았다.

예배드릴 때마다 성령이 충만하여 많은 기적이 일어났다.

하나님을 믿는다는 것은, 참 중요한 것이다.

하나님께 기도드리면 '항상 기뻐하라, 감사하라, 용서하라' 하셨다. 가장의 잘못을 주님은 알고 계셨기에 '용서하라, 용서하라, 용서하라' 하셨다. 주님께서 내게 담대함과 인내를 주셨기에 승리하는 삶을 살게 하셨다.

팔십이 넘었는데 쭉 곧은 다리와 꼿꼿한 허리에 반듯하게 걷는다고 많은 사람들이 나를 보고 부러워한다.

나는 하나님의 은혜라고 자랑한다.

평생을 기도하며 살아서 하나님의 도우심으로 사 남매 모두 잘 자라 출가하여 자녀들을 낳았다.

나에게는 손자 손녀가 아홉 명이 있다.

지금은 손자 손녀들이 장성하여 멋지고 훌륭한 사람들이 되었다.

팔순에는 손자 손녀들이 돈을 모아 금반지를 해서 내 손에 끼워주고 잔칫상을 차려 나를 놀라게 했다.

내 평생에 이렇게 기쁜 날은 처음이었다.

큰딸은 아들이 둘인데, 이 손자들은 별난 음식을 먹으러 갈 때마다 나를 꼭 데리고 간다. 큰딸의 둘째 아들 춘식이는 특별나게 내 생일 때 가족 행사를 준비해서 모두를 기쁘게 한다.

팔십사 세가 된 어버이 날엔 내가 게를 좋아한다고 춘식이가 사 남매의 가족을 모두 모이게 해 대게 식당에서 잔치를 했는데, 이백만 원을 썼다.

나의 자녀와 손주와 사위들에게 고마움과 감사를 전한다.

하나님의 특별한 은혜가 나로 책을 쓰게 하셔서, 사십 년 동안 하나님의 기적을 기록한 『돌꽃』이란 책을 낼 수 있었다.

돌꽃의 모든 내용은 간증이다.

아들, 딸, 손자, 손녀, 사위들까지 효를 다하고 있으니 하나님의 은혜요 축복이다.

또 감사한 것은, 막내딸이 나를 닮고 싶어 하더니 내가 쌓던 목요제단을 자기 집으로 옮겨 지금까지 예배를 드리고 있는데, 십 년이 된 것 같다.

하나님이 나에게 제자를 기르라고 하셨는데 큰딸과 막내딸, 양딸이 순서를 정해 돌아가며 예배를 인도한다.

세 딸이 성령을 충만하게 받아 찬송과 말씀에 은혜가 충만하다.

팔십이 넘은 나에게도 주님의 성령이 충만하여 기도하면 환상도 보고 환부에 손을 대고 기도하면 낫는다.

그래서 나는, 하나님께 영광을 올려드리며 감사와 찬양을 날마다 드린다.

1. 주님이셨지요

주님이셨지요

2006년 12월 어느 주일, 예배를 드리고 점심을 먹으러 교육관에 갔다. 점심을 먹고 다른 권사들과 얘기를 하고 있었다.

주방일이 다 끝날 무렵, 한 남자가 들어와 밥을 달라고 했다. 키가 작아 난쟁이 같았고 옷차림도 허름했다.

그 남자는 밥과 김치를 받아 밖으로 나갔다. 잠시 후 그 남자는 그릇을 들고 주방으로 들어왔다. 그릇을 보니 밥은 없었지만 먹은 것 같지는 않았다. 그가 밥값이라며 천 원을 내밀었다.

나는 "밥값 안 받아요."

"공짜로 먹을 순 없지."

그 남자는 나에게 "삼 개월 먹고 살 쌀값을 줄 수 있나요?"

나는 머뭇거리다가 말했다. "줄 수 있지요. 이름이 뭐예요?"

"김요셉."

"부모님이 예수님을 믿는군요?"

"돈 주세요."

"얼마 줄까요?"

"십이만 원이요."

나는 십이만 원을 꺼내 주었다.

"당신이 섬기는 이 교회가 복되도다."

"돈은 어떻게 갚을 거예요?"

"하모니카 불어서 갚을게요. 내 이름이 뭐라고 했지요?"

"김요셉."

"고마워요, 돈을 줘서 고마운 게 아니고 내 이름을 기억해 줘서 고마워요."

그 남자는 이름을 기억해 줘서 고맙다며 문을 열고 나갔다.

나는 그 남자가 어디로 가는지 궁금해서 쫓아 나갔다.

하지만 그 남자 김요셉은 온데간데없었다.

얼마 후 건너편 교회에서 하모니카 소리가 나서 가 보았더니, 그 남자는 아니었다. 길을 가다가도 버스를 탈 때도 그 남자를 만날 수 있을까 해서 두리번거렸지만 이십 년이 지나도록 만나지 못했다.

나는 그 돈이 하나도 아깝지 않았다.

나는 그 남자가 주님이었다고 믿는다.

나는 주님께 "왜 저를 시험해 보셨어요?"라고 묻고 싶다.

고운 모양도 없고 풍채도 없고 흠모할 만한 아름다운 것도 없도다.

이사야 53장 2절

삼 개월은 삼 년 공생애, 십이만 원은 열두제자, 요셉은 양부가 아닐까?

그 남자는 분명 예수님이셨다.

돈을 빌려준 이후 내 손에 돈이 떨어진 적이 없다.

혹 자녀들에게 써야 할 때는 기적같이 돈이 생겨 쓰게 했다.

힘들고 문제가 생길 때 기도하면 다 해결해 주셨다.

주님께서 늘 내 곁에 계셨다고 믿는다.

지금까지 나를 건강하게 하시고 내 나이 팔십오 세가 되었는데 눈도 어둡지 않고 말귀도 잘 듣게 하시니 주님의 은혜라고 늘 말한다.

참으로 주님께 감사하고 감사하다.

모든 영광을 주님께 드린다.

그분도

나는 노인 근로 길거리 청소를 한다.

한창 더울 때 일을 하고 있는데, 조그마한 중년 남자분이 동료에게 빵을 주며 나누어 먹으라고 했다. 잠깐 쉴 때 동료들은 그 빵을 나누어 먹었지만 나는 좋아하는 빵이 아니라서 먹지 않았다.

며칠이 지나 다른 골목에서 일을 하는데, 지난번 빵을 준 그 사람이 나에게 와 이 빵은 맛있다며 먹으라고 했다.

"먼저도 빵을 주신 분이네요."

"그래요."

내가 지난번에 빵을 먹지 않았던 것을 아는 것 같았다.

'그 사람이 또 빵을 가지고 온다면 내 생각이 틀렸을 거야.'

기다렸지만 그 사람은 오지 않았다.

주님이 아닐까? 생각했는데….

나는 지금도 그분이 주님이셨을 거라고 생각한다.

다른 모양으로 그들에게 나타나시니

마가복음 16장 12절

수영장

큰딸이 수영장에 갈 계획을 세웠다.

큰딸은 네 식구, 둘째 딸은 남편과 아들 둘 그리고 나와 아들과 손자, 손녀 모두 열두 명이 수영장에서 모였다.

큰딸은 돼지고기 목살, 삼겹살, 된장찌개거리와 상추, 깻잎, 고추, 양념을 준비해 왔다.

둘째 딸은 소고기를 나는 밥 두 솥을 준비해 갔다.

고기를 굽고 찌개를 끓여 아침을 맛있게 먹고 물속으로 들어갔다.

돈을 걸고 게임을 했다.

두 팀으로 나누어 배구를 했다. 즐겁게 노는 아이들을 보니 '젊음이 좋구나'라는 생각이 절로 났다.

너무 더워서 가만히 앉아 있는데도 땀이 줄줄 흘렀다.

아들과 딸들, 사위들, 손주들이 노는 모습을 보며 하나님께 감사하고 기뻤다. 언제 또 이런 즐거운 시간이 올 수 있을까?

내가 늙었다는 것이 인정되었다.

점심은 라면을 끓여 맛있게 먹고 두 번째 게임을 하려고 물속에 들어갔다. 재미있게 놀다가 큰딸의 큰아들이 물속에서 나와 내 옆에 앉아서 말했다.

"할머니, 좋은 추억을 많이 만들고 건강하게 오래 사세요."

"그래, 고맙다."

갑자기 조그마한 남자가 땀을 뻘뻘 흘리면서 내게로 다가오더니 작은 군밤 반쪽을 내밀었다.

나는 그것을 받으며 말했다.

"이것을 사라고?"

남자는 그렇다고 말했다.

얼마냐고 물었더니 두 봉지 만 원이라고 했다.

군밤값을 주려고 가방을 열어 보니 구천 원밖에 없어 천 원을 손자에게 빌리려 했더니 큰 손자가 자기가 사 드리겠다고 계좌이체로 계산을 했다.

나는 그 남자가 땀을 너무 많이 흘려 닦으라고 휴지를 건넸다. 남자는 휴지를 받아가지고 돌아섰는데 간 곳이 없었다. 나가는 것도 못 보고 다른 곳에서 파는 것도 보지 못했다.

불쌍해서 팔아 주려고 했다.

손자가, "할머니가 불쌍해서 팔아 주려고 한 것 알아요. 추억 많이 만드세요."라고 말했다.

저녁때가 되어 정리를 하고 수영장에서 나왔다.

큰딸의 아들들이 저녁은 부대찌개를 먹으라고 했다며 우리는 부대찌개 집으로 가서 저녁을 맛있게 먹었다.

그리고 각자 집으로 갔다.

밤에 잠을 자려고 하니 갑자기 군밤을 팔던 남자가 생각났다.

아무리 생각해도 이상했다.

다른 사람들에게 파는 것을 본 적도 없고 옆에 있는 사람에게도 팔지 않고 왜 나에게 와서, 밤도 반 톨을 주며 팔아 달라고 했을까?

밤 봉지 두 개를 주고 간 곳 없이 사라졌다.

첫 번째는 십이만 원을 빌려 갔고, 두 번째는 내가 일하는 곳에 빵을 사 가지고 와 주고 갔다.

이번이 세 번째이다.

나에게 와서 밤을 만 원어치 팔고 갔다.

내 생각엔 주님께서 나를 여러 번 시험해 본 것이 아닐까 한다.

기도의 힘

어느 동네를 지나가는데 한쪽에서 소동이 벌어졌다.

그곳에 가 보니 사람들이 둘러싸고 있었다.

사람들을 헤집고 들어가 보니 잘생긴 청년이 난동을 부리고 있었는데 아무도 말리지 못하고 있었다.

나는 청년의 멱살을 잡고 눈을 부릅뜨고 말했다.

"조용히 하지 못해?"

청년을 쏘아보고 있는데, 고(故) 박승화 목사님이 갑자기 나타나서 기도를 하시고 홀연히 사라지셨다.

청년은 얌전해졌다.

주위에 둘러섰던 사람들이 나에게 그분은 누구시기에 청년을 잠잠하게 했냐고 물었다.

나는 송암교회에 나가는 권사이고 아까 기도하신 분은 송암교회 담임 목사님이라고 말했다.

눈을 번쩍 뜨니 꿈이었다.

주님께서 내게 능력을 주시고 성령이 충만하게 하셔서 기도하기 시작했다.

나라를 위해 송암교회를 위해 가족들을 위해 기도했다.

기도를 마치고 보니 세 시간이 지났다.

불기둥

출애굽기를 읽다가 문득 생각이 났다.

하나님은 이스라엘 백성만 사랑하고 함께하는 것이 아니라 지금, 나와도 함께하신다는 믿음이 생겼다.

시간을 보니 밤 열두 시였다.

나는 벌떡 일어나 밖으로 나가 두 손을 번쩍 들고 하늘을 향하여 "주여! 주여! 주여!" 삼창을 하고 기도하기 시작했다.

'하나님, 이스라엘 백성을 위해 싸우신 것처럼 저의 대적도 물리쳐 주시고 이기게 해 주세요.'

기도를 마치고 들어와 잠을 잤다.

방에 상여가 있어서 나는 '빨리 메고 나가'라고 호통을 쳤다.

상여가 옆으로 넘어지면서 관이 열렸다.

관에서 시체가 나왔는데 염은 했으나 머리 부위가 썩어 물이 흐르고 냄새가 심하게 났다.

나는 빨리 담아서 내가라고 소리쳤다.

상여는 나갔는데 벽에 부적이 붙어 있었다.

부적을 떼어 내고 방바닥에 놓여 있는 각목을 밖에다 내던졌다.

"불이야! 불이야!"

나는 소리를 듣고 밖으로 나갔다.

앞집이 불바다가 되었는데 불을 끄는 사람이 하나도 없었다.

검은 연기가 하나도 없이 불이 나고 있었다.

모세가 본 떨기나무 불같이 그대로 타고 있었다.

꿈이었다.

나를 도우시는 하나님이 낮에는 구름기둥으로 밤에는 불기둥으로 지키신다는 확신이 섰다.

기도

매일매일 하나님께 기도드렸다.

'엘리야의 하나님, 나의 하나님. 까마귀를 통하여 떡과 고기를 날마다 엘리야를 먹여 살리신 하나님. 저에게도 은혜를 베푸시어 연장을 두고 다닐 수 있게 해 주세요.'

어느 날 기도 가운데 주님이 말씀하셨다.

"숟가락 없이 밥을 먹을 수 있느냐?"

그때부터 일할 수 있는 것을 감사하며 불평 없이 열심히 일했다.

하루는 잠시 쉬는 동안에 조장과 동료들이 한목소리로 말했다.

"형님, 내일부터 형님이 출석부를 적고 오세요."

'아, 하나님은 나에게 사람을 통하여 역사하시는구나.'

다음날 출석부에 이름을 적고 부지런히 땀을 뻘뻘 흘리며 쫓아갔더니 동료들이 숨이 차게 쫓아오지 말고 천천히 오라고 했다.

매일 보니 정이 들었나 보다.

동료들의 사랑이 친형제보다 낫다.

고맙고 미안하기도 해서 점심을 사겠다고 했다.

모여서 식당에 갔더니 선지해장국집이다.

한쪽에 자리를 잡고 기다리니 돌솥밥과 선지해장국이 나왔다.

반찬으로 두부조림이 나왔는데 그 집에서 직접 만든다고 했다. 모두 맛있게 먹었다.

나는 팔십 평생 살면서 선지해장국을 처음 먹어 보았다.

돌솥밥이 맛있어서 옆 사람이 남겨 놓은 밥까지 다 먹었다.

맛있다고 했더니 저 위에 올라가면 더 맛 좋은 집이 있다며 다음에는 자기가 사겠다고 했다.

이 집도 처음이고 선지해장국도 처음이다. 우물 안 개구리처럼 살던 나에게 좋은 동료들을 붙여 주시고 일할 수 있게 해 주심이 떡과 고기를 날아다 먹이심과 같음을 감사드린다.

환상

  매일 아침 예배를 드린다.

  사도신조로 시작해서 찬송 한 장을 부르고 말씀 한 절 읽고 주여 삼창을 하고 기도를 시작한다.

  '주여! 내 잘못이 무엇인지 모르오니 허물을 알게 하시고 회개의 영을 부으시어 깨끗게 하옵소서.'

  기도 중에 영안을 열어 주셔서 환상을 보게 되었다.

  나는 내가 믿음이 있다고 생각했었다.

  주께서 나의 죄를 보게 하셨다.

  남을 판단하고 정죄하며 비판할 때 내 속에 검고 썩은 물이 차오른다. 오른쪽에 빛이 조금 있는데, 그곳을 쳐다보니 제비 둥지에 몇 마리의 새끼가 노란 입을 벌리고 먹이를 달라고 짹짹거리며 울어 댄다.

  네가 이와 같다고 입으로만 재잘거렸지 뜨거운 믿음이 적다고, 너의 죄가 육체를 괴롭힌다고 회개하고 뽑아내라고 주님께서 말씀하셨다.

  나는 용서해 달라고 간절히 기도했다.

  다시는 정죄하거나 비판하지 말라, 저들이 하는 것을 다 알고 있다고 하셨다.

  환상 중에 검은 물체가 뱃속에서부터 올라오며 목구멍을 통하여 밖으로 나가는데 구역질을 하며 나갔다.

  '주여, 오직 주님만 바라보고 가겠으니 나를 용서하시고 깨끗게 하옵소

서. 주님 앞에 부끄럽지 않게 설 수 있게 하옵소서.'

애원하며 간절히 기도했다.

내가 믿음이 있었다면 의사를 찾아가지 않고 주님께 기도했었어야 했다.

믿음은 보이지 않기 때문에 얼마나 중요한지 몰랐다.

주께서 나를 폭포수가 쏟아져 내리는 강 가운데다 세워 놓으셨다. 맑은 폭포수가 내 머리에서부터 발끝까지 쏟아지는데 나는 벌거벗은 알몸이었다.

강으로 나오니 주께서 백옥 같은 흰옷을 나에게 입혀 주셨다.

오! 주님, 감사합니다.

순간 나는 터널 앞에 서 있었다.

주님께서 터널로 나오라고 하셨다.

터널로 나오니 밝은 빛이 환하게 비치는데 아침 동산 같았다.

환상이 끝났다.

무겁던 몸이 가볍게 느껴지고 마음도 가볍게 느껴지며 평안해졌다.

주께서 나를 용서하시고 치료해 주셨다고 믿는다.

벌거벗은 내 몸이 눈에 선하여 지워지지 않는다.

다니엘의 옷을 벗기고 새 옷을 입혀 주신 것처럼, 나에게도 새 옷을 입혀 주셨다.

주님의 손

하나님께로 가는 길이 쉬운 줄 알고 시작했다.

그 길을 가려 하는데 큰 강이 앞에 있었다.

건너야 하는데 강물이 너무 깊어 떠내려갈 것 같았다.

허공만 바라보고 있는데 어디서 왔는지 사공이 조각배로 나를 건너게 해 주었다.

조금 가다 보니 사방이 가시나무로 둘러싸여 있는 넓은 벌판이 있었다. 도저히 비집고 갈 수가 없었다.

가시나무로 **빽빽**한 벌판 가운데 집채같은 큰 바위가 있었다.

힘들어도 바위를 올라갈 수밖에 없었다.

손으로 험한 바위를 부여잡고 발버둥 치며 올라가려니 손톱이 다 닳아 손가락 끝에 피가 흘렀다.

안간힘을 써서 바위를 올라 넘어갔다.

이것이 끝인 줄 알았다.

웬걸 이번에는 어디로 피하여 갈 곳도 없다.

눈앞에 높은 산이 우뚝 서 있다.

누군가 소리치며 말했다.

"산을 향해 올라가라. 산꼭대기에 금은보화가 가득한 곳이 있다."

다른 길은 없다고 생각한 나는 산을 향해 올라가기 시작했다.

얼마 올라가지도 못했는데 숨이 차서 헉헉댔다.

잠시 쉬었다가 가려고 했는데, 반 세월이 훌쩍 넘었다.

정신을 차리고 용기를 내어 올라가는데 왜 그리도 험한지….

나뭇가지라도 붙들지 않으면 올라갈 수 없었다.

때로는 바위들을 붙들고 기어오르기도 하고 잠깐 숨을 돌리기 위해 쉬기도 했다.

그런데 산꼭대기까지는 아직도 멀기만 하다.

도저히 나 혼자서는 갈 수가 없다.

도와줄 분이 없을까?

두루 찾다가 주님을 만났다.

"주님, 저를 도와주세요. 저 혼자 저곳까지 갈 수 없어요."

손을 내밀고 간절히 주님께 간구했더니 주님이 손을 잡아 주셔서 이렇게 쉽게 올라왔다.

왜 나는 그것을 몰랐을까?

이제라도 주님 손 잡은 것이 영광입니다.

감사합니다.

빨래골

집 없는 서러움을 하도 많이 받다가 산 첫 번째 집은 꿈같았고 천국 같았다.

하나님과 함께 기쁘게 살았기에 삼십 년이란 세월이 눈 깜박할 사이에 지나갔다.

아파트에 밀려 빨래골 입구에 있는 집을 첫눈에 반해 샀다.

먼저 집보다 평수도 넓고 마당도 있었다.

꽃을 가꾸며 세월 가는 줄 모르고 이십 년을 살았다.

오두막집들이 모여 있어 거지촌 같던 곳을 허물고 주민센터가 들어섰다.

땅막집들을 철거하고 공원을 만들었다.

동네가 확 달라졌다.

좁던 골목길은 도로 정비로 마을버스가 다니게 되었다.

빌라들이 지어졌다.

동네가 보기에도 깨끗하고 좋아졌다.

시장이 가깝고 교통이 좋아 살기 좋은 곳이 되었다.

그런데 어느 날 빌라를 짓겠다고 업자가 옆집들을 사기 시작했다. 어쩔 수 없이 팔기는 했지만, 집 구하기가 이렇게 힘든 줄은 몰랐다.

촉박하게 집은 구했으나 또 난관에 부딪혔다.

아끼던 자개장과 식탁, 그릇들을 갖다 놓을 곳이 없어 쓰레기처럼 버렸고 마지막 밤이 되었다.

잠이 오지 않았다.

머릿속이 복잡했다.

떠난다는 아쉬움 때문인지 날이 새지 않았으면 좋겠다.

내가 밟던 땅아 잘 있거라.

너는 영원히 이곳에 머물 수밖에 없단다.

너는 떠날 수 없고 너를 다시 보게 될 때는 모습이 변했겠지?

추억만 그대로 남아있을 테니까….

정든 집

이십 년 동안 다듬고 가꾸어온 정든 내 집.

화단에 갖가지 꽃을 심어 철 따라 아름다운 꽃이 피면 지나가던 사람들의 함성을 터트린다.

"어머 예쁘다."

휴대폰으로 사진을 찍어 간다.

그 모습을 보며 기뻐 웃음 짓곤 했었다.

오랫동안 살고 싶었는데….

정든 친구들과도 헤어져야 한다.

빌라 업자 때문에 먹지도 못하고 잠도 못 자고 가슴앓이와 속병이 생겼다.

아들과 며느리는 이사 가고 싶어 하는데, 모아 둔 돈도 없고….

이 집을 팔아서 이만한 집은 구할 수가 없다. 방이 네 개 있는 집을 구해야 하는데 하늘의 별 따기만큼 어렵다.

내 집을 가지고도 내 마음대로 살 수 없는 세상.

내가 너무 오래 살았나 싶다.

내가 없으면 집을 구하기 쉬운데 집을 구하기가 어려워지니 슬퍼진다. 자기들의 욕심 때문에 다른 사람이 고통받고 있다는 걸 그들은 알고 있을까? 야속한 생각이 든다.

이 집 또한 하나님이 주셨기에 내 마음대로 할 수도 없다.

'하나님, 하나님! 집 문제를 해결해 주세요. 하나님밖에는 해결할 분이 없습니다. 저를 도와주세요. 하나님의 뜻을 따르겠나이다.'

한 가지 소원

오늘은 이사 온 지 이십 일이 되는 날이다. 집수리며 정리 때문에 정신이 없었다. 정리가 거의 끝난 것 같아 몇 자 적어 본다.

하나님 뜻에 따라 아들, 며느리에게 맡겼다.

순종하기 잘했지, 아들과 며느리 둘이서 호흡을 척척 맞춰 수리를 해 나갔다. 둘을 보면서 맡기길 잘했구나 생각했다.

하나님께 이렇게 기도했다.

'제가 세 번째 살 집은 더 크고 넓은, 감사가 절로 나오는 집으로 주세요.'

하나님은 이번에도 나의 기도를 들어주셨다.

더 감사한 것은, 아들과 며느리가 안방을 나에게 주고 침대와 전기요를 최고급으로 사서 깔아 준 것이다. 붙박이장과 최고급 원목 화장대도 준비해 주었다.

며느리가 선반을 사서 베란다를 정리해 놓으니 보기만 해도 좋았다. 날이 갈수록 집 모양이 갖춰지기 시작했다.

감사가 저절로 나온다.

빚은 많이 졌지만, 팔순을 맞는 나에게 이보다 더 큰 행복의 선물이 있을까?

한 가지 소원이 있다면 나의 사 남매가 하나님을 잘 믿고 건강하고 행복하게 잘 살았으면 좋겠다.

기적

우리 집에 왔다가 자기 집으로 돌아간 큰딸이 다시 쫓아오는 소동이 벌어졌다.

우리 집은 이층이라 계단이 많다.

올라갔다 내려왔다 하면 다리가 후들거린다.

나는 큰딸이 이 방 저 방 다니며 모아 놓은 쓰레기를 음식물, 비닐, 폐기물, 생활 쓰레기 네 종류로 분리해서 계단을 오르내리며 갖다 버렸다.

팔십을 먹고도 청춘인 줄 알고 있었나 보다.

"날씨가 추워져서 영하로 내려간대."

집으로 돌아가는 큰딸의 말을 듣고 화단의 꽃들이 얼어 죽을까 봐 비닐을 잔뜩 안고 화단으로 나왔다.

비닐로 화단의 꽃들을 덮어 주었다.

좁은 뒷마당에 지하방 사람들이 화분을 놓아두어 더 좁아진 곳을 조심히 지나간다는 게 그만 땅에 박힌 벽돌 끝에 걸려 앞으로 엎어지고 말았다.

마당 끝에 김장할 때 배추를 건져 놓으려고 깔아 놓은 대리석에 엎어지면서 코와 뺨을 박았다.

얼마나 세게 박았는지 뺨과 코뼈가 다 부서진 줄 알았다.

얼른 일어나 코를 만져 보니 코는 괜찮은 것 같았다.

또 뺨을 만져 봤더니 계란만 한 게 튀어나와 있었다.

손바닥과 손가락에 피가 묻어 있었다.

얼른 대리석에 앉아 기도했다.

“하나님, 뼈는 이상 없게 해 주세요. 잘못이 있으면 용서해 주세요.”

머릿속에 번득 생각나는 게 있었다.

지하에 사는 여자와 다툰 생각이 났다. 그 여자는 어릴 때 악령에 잡혀 미쳐 돌아다니다가 지금은 교회에 다니며 좋아졌다고 했다.

그러나 지금도 잡혀 살고 있음이 분명하다.

그 여자의 머리를 건드렸다가 내 머리가 아파 오래도록 기도하고 물리 친 적이 있었다.

이 집에 이사 온 지 일 년이 되었을 때, 정화조를 치우라는 쪽지가 왔다.

정화조가 어디에 있는지 몰라 정화조를 찾아보니, 그 여자가 살고 있는 지하 창고에 있었다.

그 여자는 정화조 앞에다 세탁기를 놓아두었다. 옆으로 사람이 들어갈 수도 없었다. 정화조를 치워야 하니 세탁기를 옮겨 달라고 했더니, 그 여 자는 정화조 호수를 세탁기 위에 올려놓고 치우라고 했다.

정화조를 치우는 사람들이 와서 세탁기를 치워야지, 세탁기 위로는 안 된다고 했다. 그러면서 연장을 가지고 들어갈 수도 없고 세탁기에 똥이 묻어 안 된다며 옮겨 놓고 다시 연락하라며 가 버렸다.

안쪽을 들여다보니 그곳에 스티로폼 통, 망가진 아이스박스, 플라스틱 화분, 플라스틱 통 등 쓰레기장이었다.

나는 화가 나서 말했다.

“저것들 다 내다 버리고 세탁기 옮겨 놓으세요.”

“내 집 가지고 내 맘대로 못 해요?” 라며 화를 냈다.

나는 어이가 없어,

"이게 어째 당신 집이야. 당신은 월세를 살고 있잖아. 정화조 안 치우면
벌금 물을 거야."

그 여자가 쓰레기를 밖에 내놓고 세탁기도 옮겨 놓았다.

정화조를 9일에 치우러 오겠다더니 8일에 와서 치우고 갔다.

그곳을 보니 벽에 거미줄이 쳤고 바닥에 머리카락과 화분에서 쏟아진
흙이 쌓여 빗자루로 쓸어내고 호스를 가져다 대청소를 했다.

사탄은 자기가 살고 있는 곳에 손을 대면 해를 끼치는데, 나는 미처 생
각하지 못했다.

바로 청소한 다음 날 9일에 그 여자 집 앞에서 발을 걸어 엎어지게 한
것 같다.

엎어지면서 대리석 모서리에 얼굴을 박았으니 깜짝 놀랐다.

코와 얼굴이 다 깨진 줄 알았다.

얼굴에 손을 대고 '주여, 아무 탈 없게 해 주세요.' 하고 방에 올라와 얼
굴을 보니 금방 얼굴이 부어오르고 시퍼렇게 멍이 들었다.

막내딸이 전화로 안부를 묻기에 엎어진 얘기를 했다.

빨리 병원에 가라는 막내딸에게 며칠 있으면 나을 거라고 말하고 전화
를 끊었다.

막내딸이 큰딸한테 전화를 해서 내가 다친 이야기를 했고 큰딸이 한걸
음에 우리 집으로 왔다.

큰딸에게 끌려 택시를 타고 정형외과에 갔다.

정형외과에서 안과에 가보라고 해서 큰 병원으로 갔다.

CT를 찍었다.

CT를 본 의사가 코와 뺨이 부러지지 않아서 다행이라며 안과로 가라고 했다.

택시를 타고 안과에 갔다.

의사가 눈 검사를 하더니 검은 눈동자는 괜찮다고, 핏줄이 부어오르면 눈알이 고정될 수 있다며 코를 풀지 말라며 눈에 넣는 약, 바르는 약, 먹는 약을 처방해 주었다.

큰딸이 택시비, CT 촬영비, 약값 등 다 냈다.

저녁을 먹고 가자기에 부대찌개를 먹고 있는데 막내딸과 사위가 왔다.

다 같이 저녁을 먹고 막내 사위가 큰딸과 나를 집에 데려다주고 용돈을 주면서 계란 마사지를 꼭 하라고 당부하고 갔다.

밤에 자려고 하는데 얼굴도 욱신거리고 머리도 아팠다.

'오늘 밤 잠자기는 틀렸구나, 아야 기도해야 돼.'

나는 일어나 앉아 왼손 엄지손가락을 뺨에 대고 검지손가락은 눈 위에 대고 간절히 기도했다.

"방심한 이 죄인을 용서하여 주옵소서. 게을러 기도하지 않고 세월만 보낸 죄인입니다. 앞으로 열심히 기도하겠습니다. 예수님의 이름으로 기도드렸습니다. 아멘."

밤새 통증이 없어지고 잠도 잘 잤다.

막내딸이 아침에 전화를 했다.

"한잠도 못 잤지? 무척 아팠을 텐데."

"아니, 기도했더니 주님이 하나도 아프지 않게 해 주셔서 잘 잤어. 붓기는 했지만 곧 나을 거야."

"참 감사하다."

낮에 둘째와 큰딸이 알탕과 멍게를 사 줘서 잘 먹고 집에 와서 계란 마사지, 얼음 마사지를 했다.

그래도 멍은 빠지지 않고 점점 더 붓고 퍼래졌다.

문득 멍든 곳에는 피를 빼 주면 빨리 낫는다는 말이 생각났다.

화장대에 앉아 침으로 멍든 곳을 찔렀다.

아프지 않고 검은 피가 나와 조금씩 짜냈다.

피를 뺀 자리가 조금씩 하얘지면서 부기도 조금 빠져 눈이 많이 떠졌다. 아들과 손녀딸이 보고 독이 들어가면 어쩌려고 그러냐며 그냥 두어도 천천히 나을 거라고 했다.

"아니야, 봐봐 점점 하얘지고 있잖아."

더 이상 말리지 않았다.

일주일 후면 큰딸의 큰아들, 내 외손자의 결혼식이다.

외손자는 나와 특별한 관계이다.

큰딸이 임신 중 유산 증상으로 하혈을 해 병원에 갔다.

유산을 하려고 했는데 산모가 밥을 먹어서 수술이 안 된다고 내일 밥 먹지 말고 오라고 했다.

저녁에 딸을 데리고 교회에 가서 기도를 했다.

큰딸의 배에다 손을 대고 간절히 기도했다.

"하나님, 이 생명이 죽을 자이면 자연유산 시켜 주시고, 살 생명이면 하혈이 멈추고 올라붙게 해 주세요."

하나님이 기도를 들어주셔서 즉시 하혈이 멈추고 아이가 올라붙었다.

그 후 열 달이 되어 산통이 와서 산부인과에 갔는데 진통만 오고 자궁 문이 열리지 않았다. 큰딸의 얼굴이 파래지며 죽겠다 하는데도 여전히 자궁 문은 열리지 않았다.

이러다 둘 다 죽을 것 같았다.

돈이 없어 제왕절개도 할 수 없고…. 딸이 죽게 생겼는데 체면이 뭐 중요하랴.

나는 큰딸의 배 위에다가 손을 얹고 누르며,

"주여! 내 딸이 죽게 생겼으니 빨리 자궁 문을 열어 아이가 나오게 해 주세요."

악을 쓰며 기도했다.

그때 기적이 일어나 자궁 문이 열려 아이를 꺼냈다.

'하나님, 감사합니다. 둘 다 살려 주셔서 감사합니다.'

이 아이가 어릴 때 옷은 내가 다 사다 입혔다.

지금은 키가 185cm에 늘씬하고 잘생긴 남자가 되었다.

그 귀한 손자가 장가를 가는데 내가 참석하지 못한다면 한이 남을 것 같았다.

다행히 혼주들만 마스크를 벗고 우리 모두 마스크를 쓰고 사진을 찍었다. 아직 사진을 보지 못해 어떻게 나왔는지 모른다.

큰딸이 둘째 아이를 가졌을 때, 달이 넘었는데도 아이가 나올 생각을 하지 않아 산부인과에 갔다.

제왕절개를 하라고 하여 둘째 아들을 낳았다.

아이를 꺼냈는데 날짜가 지나서인지 아이가 불어 메기 같았다.

큰딸은 통뼈라 제왕절개가 아니면 아이를 낳을 수가 없었다.

그러나 큰아들은 하나님의 은혜로 두 번이나 죽을 뻔하고 살아났으니 어찌 귀하지 않은가.

하나님의 은혜를 잊으면 안 된다.

둘째 아들도 185cm가 넘는 키에 갸름한 얼굴, 눈웃음이 매력적이라서 보는 이들의 마음을 녹인다.

딸 같은 아들이다.

큰딸은 아들만 둘뿐이라 딸을 가진 사람들을 부러워한다.

앞으로는 딸 같은 며느리들을 보아 행복할 것이다.

코로나가 준 회개

주님!

저의 기도에 귀를 기울여 들어주소서.

주님의 사랑받고 살아왔다는 증거를 보여 주소서.

믿음을 가진 자와 믿지 못하는 자의 차이점이 무엇인지 보여 주소서.

애굽의 바로와 이스라엘 백성을 구별하신 것처럼 지금도 주님은 역사하고 계신다는 것을 보여 주소서.

저와 아들이 코로나에 걸리지 않게 성령의 불로 바이러스를 다 태워 사라지게 하옵소서.

그동안 제가 눈물의 기도를 주님께 드리지 못하였나이다.

저에게 코로나를 통해 회개하게 하셨나이다.

믿음의 본을 보이지 못한 죄 용서하옵소서.

하염없이 쏟아지는 죄인의 눈물이 그칠 줄 모르나이다.

부귀영화를 구하는 것도 아니요, 건강을 구하는 것도 아닙니다.

지금 믿지 못하는 것 같아 이렇게 주님께 눈물로 호소하나이다.

저의 이 기도가 하나님이 들어주셨다는 증거가 되게 하옵소서.

주여! 주여! 주여! 도와주소서.

은혜를 베풀어 주시어 증거를 삼게 해 주소서.

이렇게 간절히 간절히 간구드립니다.

속히 응답하옵소서, 주님.

눈물이 준 감사

주님, 감사합니다.

주님의 사랑이 느껴집니다.

저를 사랑해 주셨는데 안일하게 살았나이다, 이 죄인을 용서하소서.

주께서 제 마음속에 진실한 눈물을 원하셨던 것 같습니다.

이번 코로나가 저를 회개하게 하였고 깨어졌습니다.

그래서 주께로 한 걸음 더 가까이 간 것 같습니다.

그러나 주님, 아직도 너무 미흡합니다.

더 뜨겁게 주님의 강한 팔로 저를 붙들어 주시사 온전히 주님만 믿고 가게 하옵소서.

주님, 많이 많이 사랑합니다.

주님 손에 붙들려 있음이 믿어지나이다.

너무너무 감사합니다.

무엇이라 표현할 수 없을 만큼 사랑받았음을 확실히 믿습니다.

감사합니다, 감사합니다.

주님, 많이 많이 사랑합니다.

항상 저의 손 놓지 말고 꼭 잡아 주세요.

시험과 순종

하나님이 나를 시험하신다는 느낌이 왔기 때문에 '하나님, 왜 저를 시험 하시나이까?' 물었다.

생각지도 못한 사람에게서 전화가 왔다.

이백오십만 원을 빌려 달라며 한꺼번에 못 갚고 매달 이십만 원씩 갚겠다고 했다.

그만한 돈이 없다고 말했지만, 안 해줄 수도 없고 해줄 수도 없는 나의 고민이 시작되었다.

코로나에 걸려 격리 중인 나에게 큰 시험이었다.

'주님, 어떻게 해야 하나요? 해결할 방법을 가르쳐 주세요. 주님의 뜻이라면 저에게 성령을 부어 주시어 순종할 수 있게 하옵소서. 도와주세요. 이 죄인을 불쌍히 여기시어 해결할 수 있는 방법을 알려 주세요.'

주님께서 응답해 주셨다.

돈의 중요함을 알도록 백만 원 한 장만 주되 돌려받지 말고 그냥 주라고.

주님은 나에게 백만 원이 있음을 알고 계셨던 것이다.

돈이 필요하다는 날짜가 코로나 격리가 끝나는 날이었다.

주님께 응답을 받고 난 그 순간부터 맘이 편해지고 감사했다.

'주님, 해답을 주셔서 감사합니다.'

격리가 끝나고 은행에 가서 돈을 부쳐 주었다.

첫 번째 시험은 합격했으나 두 번째 시험은 내가 주님께 제안한 것이다. 주께서 해결될 때까지 입을 다물라 하셨다.

이 문제도 주님이 아니면 해결할 수 없다.

빨리 해결되기를 기도하며 기다리고 있다.

르호봇

코로나 때문에 일 년이 다 되도록 이사 신방을 못 받았다.

코로나가 조금 풀려 목사님이 신방을 오실 수 있다고 하셔서 날짜를 정했다.

이사 온 지 일 년에서 하루가 모자라는, 2021년 11월 19일이다. 나는 주님이 오시는 것 같은 기쁜 마음으로 사흘 동안 준비했다.

약속한 날 목사님이 오셨다.

기쁜 마음으로 예배를 드렸다.

목사님이 주신 말씀은 창세기 26장 22절, 24절이다.

목사님의 말씀이 이삭은 점잖아서 아말렉이 싸움을 걸어 와도 싸우지 않고 피하여 다른 곳으로 가 우물을 팠다고 한다.

> 그들이 다투지 않으므로 그 우물 이름을 '르호봇'이라 하여 이르되
> 이제는 여호와께서 우리를 위하여 넓게 하셨으니 이 땅에서 우리가
> 번성하리로다.
> 창세기 26장 22절

르호봇은 '장소가 넓음'이란 뜻이다.

> 그 밤에 여호와께서 이삭에게 나타나 이르시되 나는 네 아버지
> 아브라함의 하나님이니 두려워하지 말라 내 종 아브라함을 위하여 내가
> 너와 함께 있어 네게 복을 주어 네 자손이 번성하게 하리라 하셨다.
> 창세기 26장 24절

이 말씀 또한 감동 감화, 그대로 될 줄 믿는다.

사실 초대한 분은 다섯 분인데 세 분만 오셨다.

예배드리기 전에 목사님이 다른 두 사람을 불러도 되겠냐 하시기에 '예'라고 대답했다.

오시기로 하셨던 목사님 한 분은 장례에 가시고 다른 한 분은 꽃시장에 가 못 오셨다.

목사님이 부르신 두 분이 오셨는데 기뻐했다.

두 분 중 한 분이 다른 교회로 시무하러 가시는 분이셨는데, 송별 잔칫상을 받았다며 모두 기뻐했다.

나는 호접란을 보며 말씀드렸다.

"목사님, 호접란이 목사님을 반기네요."

"그러네요, 아주 예쁘네요."

꽃송이가 많아 탐스럽게 피어 있었다.

사모님이 호접난 뒤에 피어 있는 왕꽃기린을 보시며 예쁘다고 하시기에, "하나 드릴까요?" 했더니 잘 못 키운다고 거절하셨다.

목사님께서 내가 꽃을 잘 키운다고 칭찬하시며 집 구경을 하신다기에 옥상도 보여 드렸다.

목사님은 "참 좋다"고 하셨다.

그렇게 신방을 마치고 큰딸이 설거지를 하려고 했다.

아침 일찍 와서 고생한 큰딸을 집으로 돌려보냈다.

혼자서 뒷정리를 하는데 기뻐서 힘이 저절로 났다.

하나님도 기쁘셨나?

내게 새 힘을 주신 것 같아 하늘을 쳐다보며 "하나님 감사합니다! 감사합니다!" 외쳤다.

찬양이 절로 나온다.

독에 넣어놓은 섞박지가 익어 통에 담아 김치 냉장고에 넣고 독을 씻어 옥상에 올려놓았다.

시원한 공기와 푸른 하늘에 기쁨이 가득하다.

내가 언제 또 이렇게 준비하여 목사님을 대접할 수 있을까?

마지막이지 않을까?

아쉬움이 남는다.

할 수 있게 하신 주님, 감사합니다.

우리 목사님

나는, 내가 모시는 우리 교회 담임 목사님을 무척 존경한다.

목사님을 만나면 주님을 만난 것같이 기쁘다.

항상 따스하고 자상하신 목사님.

나의 첫 책 『돌꽃』의 추천사를 써 주신 고마운 목사님.

강대상에 올라가셔서 설교하실 때는 강하며 뜨겁게 지적으로 한 영혼이라도 구원받게 하시려고 애쓰시는 목사님.

설교를 끝내고 강대상에서 내려와 밖으로 나가실 때 언제나 머리를 숙이고 땅만 보고 나가시기에 더 멋지고 점잖은 목사님.

그러나 문 입구에 서서 교인들과 인사하실 때는 더없이 자상하시고 친절하신 좋은 목사님.

이런 목사님을 모시게 된 것도 내 복이라 믿는다.

하나님께서 좋은 목사님을 보내주신 것을 복인 줄도 모르고 더러 가라지 같은 인간들이 있어 안타깝다. 영이 살아 있는 자라면 하나님의 종인지 아닌지 분별할 수 있을 텐데.

천국에 들어갈 자가 과연 얼마나 될까?

분명히 영과 육은 다르다.

지옥은 확실하게 있고 유황불 못도 있다.

깨어서 정신 차리고 영광스러운 하늘나라 천국을 바라보고 들어갈 준비에 힘써야 한다.

열심을 다해 하나님께 인정받은 사람이라야 천국 백성이라 할 수 있다.

교회에 다닌다고 다 천국에 갈 수 있는 것이 아니다.

성전 뜰만 밟지 말고 회개하여 변화를 받고 천국 백성이 되기를 간절히 간구한다.

나의 계시록

사람들이 여행을 가자고 했다.

사방이 바다로 둘러싸인 섬이었다.

그곳엔 음식점들이 많아 사람들이 먹기에 바빴다.

나도 조갯살에 모래가 있어서 물에 씻어 몇 개 먹었다.

사방을 보려고 섬 위로 올라갔는데 금방 어두워졌다.

하늘에서 레이저가 무엇인가 관찰하듯 환하게 비쳤다.

첨성대와 비슷하다고 할 수 있을까?

물체 바로 위로 무수한 별들이 쏟아져 내리는 것 같았다.

크기도 컸지만 색깔도 진하고 밝게 빛났다.

잠실 경기장 같은 모양이었다.

나는 놀라워 입을 벌리고 감탄하다가 깼다.

꿈이었다.

요한이 밧모섬에서 계시를 받은 것처럼 하나님께서 나에게 계시를 주신 것일까?

무슨 일이 일어날 것 같아 염려된다.

방심은 금물

팔십 고개를 넘었기에 고통과 아픔은 내게서 멀리 떠나간 줄 알았다.

방심은 금물이다.

인간은 믿을 수 없다는 것을 이제야 깨달았다.

이사 온 지 삼 년이 되도록 방심하다 눈앞에 불똥이 떨어졌다.

'아아, 어이 할꼬.'

세월만 보낸 것을 가슴을 치며 후회했다.

내가 믿을 수 있는 분은 주님밖에 없다.

미련한 죄인을 용서해 주시고 도와주소서.

가슴이 터지는 것 같아 눈물, 콧물을 흘리며 가슴을 치고 통곡했다.

'그 누가 나의 괴롬 알며 또 나의 슬픔 알까'와 '고요한 바다로 저 천국 향할 때' 찬송을 부르며 통회자복하고 삼 일을 울었다.

삼 일이 되던 날 밤에 꿈인지 생시인지 아주 높은 산 밑에서 산을 바라보고 있는데, 동굴이 있어 들어가 보았다.

물이 흘러내려 얼어붙은 것 같았다.

자세히 보니 위로 동굴이 뚫어져 있는데 황금빛으로 싸여 있었다. 올라가고 싶어도 손을 잡을 곳도 없고 발붙일 곳도 없었다.

그곳을 쳐다보며, "올라가 보고 싶은데 올라갈 수가 없네."라고 말했더니 위에서 밧줄이 내려왔다.

밧줄을 잡으니 순식간에 위로 올라갔다.

그곳은 넓고 전체가 황금빛이 비치는데, 등불은 전혀 없었고 황금빛이 전체를 밝히고 있었다.

한쪽에서 예쁜 여자들이 아름답고 화려한 옷을 입고 무언가를 하고 있는 것 같았다. 저 사람들은 무엇을 하는 것인지 물으니 큰 행사가 있어 참석하려고 준비하는 것이라고 했다.

그래서 나도 가 보고 싶다고 하니,

"너는 자격이 안 되니 돌아가라. 많이 준비해서 다시 와. 이제 내려가라."

나도 모르게 올라갔던 자리로 내려와 있었다.

그곳을 나오려고 하니 앞에 깊은 물이 흐르고 군데군데 얼음 바위가 있어 그곳을 건너뛰며 세 번을 옮겼는데 미끄럽지가 않았다.

밖에 나와 뒤를 돌아보니 동굴은 온데간데없었다.

죄인

　편안하게 살고 있다고 생각했던 나에게 악한 사탄이 들어와 나를 괴롭히고 있는 것을 알면서도 내쫓지 못하고 당하고 있음은, 내 믿음이 없음이리라.

　높은 곳에서 나를 보고 계시는 분, 내게 용기와 새 힘을 주옵소서.

　아무도 할 수 없는 이 문제는 주님만이 하실 수 있기에 모든 허물은 내게 돌리시고 주여 속히 해결해 주옵소서.

　하루가 천년 같다 하더니 제가 지금 사는 것이 천년이 하루 같나이다.

　부족한 이 죄인을 용서하옵소서.

응답을 기다리며

어릴 때 살던 고향 삼화가 배경인 꿈을 꾸었다.

나는 들에 놀러 나갔다.

친할아버지라는 분이 나를 찾아오셨다.

백옥같이 흰 바지저고리만 입으시고 나에게 말씀하셨다.

"며느리가 널 찾기에 내가 데리고 왔다. 며느리가 너에게 열쇠를 주라고 해서 내가 가지고 왔다."

할아버지는 나에게 열쇠를 건네주셨다.

며느리를 쳐다보니 얼굴은 약간 비슷하긴 했지만 며느리가 아니었다. 연분홍색 잠자리 날개 같은 얇은 드레스를 입고 아무 말 없이 서 있기만 했다.

할아버지께서 집으로 가자 하시기에 나는 성큼성큼 앞장서서 집 마당으로 들어갔다.

마당에는 며느리라는 여자는 없었고 할아버지만 계셨다.

할아버지께서 손가락으로 서쪽 하늘을 가리키며 말씀하셨다.

"저기를 보아라."

하늘엔 아름다운 색깔로 지어진 집들이 많이 있었다.

할아버지는 "저기에 너의 집도 있다. 이사만 가면 된다."라는 말씀만 남기고 사라지셨다.

다시 서쪽 하늘을 쳐다봤지만 아무것도 보이지 않았다.

나는 마루에 던져두었던 열쇠를 챙겨야겠다고 생각했다.

안방에서 늙은 여자가 나왔다.

그리고 마당에 호박같이 생긴 여자가 이상한 옷을 입고 서 있었는데, 아이를 하나 데리고 있었다.

그 여자는 옷을 사러 가겠다고 말했다.

참 이상하게 생긴 여자였다.

문제가 생겼다.

'하나님께서 왜 나에게 이런 시험을 하실까?' 고민하고 기도했다.

분명히 무슨 뜻이 있어서 나를 시험하시는 거란 생각이 들었다.

해결 방법을 알게 해 달라고 기도했다.

하나님께서 지혜를 주셔서 해결했다.

꿈에 할아버지의 모습으로 오신 분이 주님이셨다고 믿는다.

내가 나이를 먹고 늙어 가며 주의 일을 하지 못해, 입버릇처럼 '나는 천국에 내 집이 없을 거야.'라고 말했었다.

나의 이 말을 들으신 주님이 너의 집이 저기에 있다며 이사만 가면 된다고 알려 주신 거라고 믿는다.

지금은 내 집이 천국에 있다고 말한다.

첫 번째 시험은 합격했으나 두 번째 시험은 아직 끝나지 않았다.

두 번째 시험 또한 주님이 해결해 주셔야 하기 때문에 기다리고 있다.

할 수만 있다면

실버들이 눈 뜨려 하는데
강바람이 찬 기운을 몰고 와 멈추게 하는구나

저 강을 건너겠다던 나그네는
살얼음 빙판을 보고
깨질까 봐 두려워 건너지 못하고
움츠러드는구나

혹여 건널 수 있는 길은 없을까
하늘을 쳐다보고 있다

하늘 문을 열 수 있다면
주님 손 꼭 잡고
목적지까지 건너갈 수 있을 텐데

내 팔이 너무 너무 짧아
주님 손 잡지 못하고
하염없이 하늘만 쳐다보고 있구나

부탁

세상이 좋은 줄만 알고
그 속에 묻혀 살다가
버림을 받고 보니 모든 것을 다 잃은 것 같네
눈앞이 캄캄하여 보이지 않으니

티끌이라도 잡고 싶지만 머릿속이 텅 빈 것 같네
어쩌다 이렇게 됐을까
하늘을 쳐다보며
길을 찾으려 했으나
그 길 또한 보이지 않네

내 앞을 스치는 바람아
이 마음 실어 저 높고 높은
하늘 보좌에 전해 주렴
아무리 돌아보아도
너밖에는 전할 이가 없는 것 같구나
꼭꼭 부탁 좀 하자

날 수 있다면

하늘을 마음대로 날아다닐 수 있다면
저 북한산 인수봉 꼭대기에 앉아 보고 싶구나

그 옆에 울룩불룩하게 솟아 있는 바위 위에
날아가 앉아 봤으면

마음은 날아가는데 몸이 말을 안 들으니
멀리서 바라볼 뿐이로구나

전신주 꼭대기에도
소나무 위에도
잣나무
떡갈나무
상수리나무
단풍나무에도
이리저리 마음대로 날아다니는 까마귀가 부럽구나

그뿐인가 까마귀에게는 경계선이 없으니
온 세상 어디든지 가고 싶으면 가고
보고 싶으면 다 볼 수 있지 않은가
하나님의 창조물이니 먹이 걱정도 없지 않겠는가

까마귀도 걱정 근심이 있을까
물어보고 싶지만 대화를 할 수 없으니 어이 할꼬

미명에

온 세상은 고요히 잠들고 하늘은 구름이 가려 혹간 구름이 비켜주어 푸른 하늘이 보인다.

별 하나가 반짝이며 답답한 내 가슴을 아는지 숨통을 열어 주려고 비치는 것 같다.

계단을 내려가 마당에 갔더니 모처럼 화단에서 귀뚜라미 풀벌레 우는 소리를 들으니 반갑고 기뻤다.

이 새벽 미명에 어찌 잠을 자지 않고 울고 있나 궁금했는데 조금 있으니 비가 소리 없이 내린다.

너희들은 비가 올 것을 알고 빗물에 쓸려 떠내려가 죽을까 봐 걱정이 되어 우는구나.

너희들의 걱정을 하나님은 아실 거야.

하나님께 호소하는 거지.

너희들의 소리를 들으면서도 부족한 인간이라서 도울 수 없는 내가 많이 부끄럽구나.

외침

하늘을 향하여 내 아픔을 전해 보려고
외쳐 보았으나
대답이 없네

지나가던 회오리바람이 싣고 갔는가?
너무 높은 하늘이라 들리지 않았는가?

더 큰소리로 외쳐 볼까?
응답이 올 때까지

행여나 불쌍히 여겨 회답을 보내주지 않을까?
포기하지 말고 끝까지 기다려 봐야겠다

하나님은 아실 거야

이 땅에 살면서 부끄럽지 않게 살았는데
세 치도 안 되는 혀로
나를 농락하는구나

어리석어 당했으니
하늘을 쳐다볼 수 없구나
부끄러워 손을 펴 하늘을 가려 볼까

믿지 않는 자들보다 더 악하고 간교한 자가
자기도 믿는다 하네

저들에게도 진실은 있을까
밝힐 자가 없네

하나님은 아실 거야

하나님 한 분밖에는

추운 겨울을 보내고
봄을 맞이하려 했더니

겨울이 쫓겨가기 싫어 찬 기운을 몰고 와
우리를 떨게 하는구나
누가 이기나 내기해 볼까

따뜻한 햇살을 찾아
노인네들은 양지쪽을 찾는데
바람이 심술을 부려
구름을 몰고 와 햇빛을 가리우네

온 세상을 하얗게 덮을 것처럼 쏟아붓던 눈은
어디로 사라졌나
간데없네

단비로 땅을 풍족하게 하겠다던 비도
피난을 갔나
오지를 않네

땅속에 잠자고 있던 풀들도
때가 왔노라고 소리치며

땅을 비집고 올라오는데

제아무리 발버둥 치며 세상을 요동쳐도
천하 만물을 마음대로 다스리시는 분은
하나님 한 분밖에 없다는 것을 알라

하나님 작품

'세상을 창조하시고 보시기에 좋았더라' 하신 하나님이 지금은 하늘에다 구름을 가지고 갖가지 그림을 그리신다.

수없이 그리셨다가 지우시고 또 새로운 그림을 그리시는 것을 쳐다보니 감탄사가 절로 나온다.

그뿐 아니다.

온 산천에 수채화로 색칠해 놓은 것같이 빨간색, 노란색, 초록색, 갈색 아름답게 물들여 놓은 것 같은 단풍을 감히 누가 흉내 낼 수 있을까?

역시 하나님의 작품이기에 감탄사가 나온다.

조금 지나니 낙엽이 되어 바람에 날려 땅에 뒹군다.

낙엽과 앙상한 가지가 보기 싫으셨나?

나뭇가지에 눈꽃을 만들고 세상은 백설로 하얗게 덮여 깨끗하게 하셨다가 따스한 봄바람에 흰 눈을 다 녹이시고 가지마다 눈을 트게 하신다.

숲속에 썩은 것을 보지 않으시려고 온 산천을 푸른 숲을 이루어 아름답게 하시니 만유의 주 창조주 하나님만이 사계절을 만드신다.

영원히 세상을 다스릴 하나님께 찬양을 드립니다.

2. 풍경화

꽃

꽃집을 통하여 계절은 변함없이 봄이 왔음을 알게 한다.

갖가지 꽃들이 내 마음을 흔들어 설레게 한다.

이별이 싫어 다시는 사지 않겠노라 다짐했건만 꽃만 보면 미치는 나. 화단이 있다는 핑계로 의정부, 종로로 원정까지 가서 화단을 채워 놓았다.

작약꽃이 예뻐서 갖가지 색으로. 빨강, 주황, 분홍 장미도, 황금색 해당화, 금낭화, 할미꽃, 백합, 색깔별 매발톱, 호접란, 범부채, 등심붓꽃, 제라늄, 시계꽃, 왕꽃기린, 사프란, 아마릴리스, 극락조…. 너무 많아 다 적을 수가 없다.

보고 또 봐도 싫지 않은, 미소를 짓게 하는 꽃들이 얼마나 귀하고 아름다운가!

천국에는 이보다 더 아름다운 꽃들이 많을 텐데 미련한 나는 이곳에 사는 날 동안만이라도 기쁘게 살겠다고 꽃을 심고 있다.

꽃값 수십만 원이 아깝지 않다.

나의 꽃

　꽃이 예쁘게 피었다고 자랑할 사람도 없는데 허전함을 달랠 길 없어 또 꽃에 마음을 주나 보다.

　아마릴리스의 하얀 꽃이 어느 신부의 부케같이 아름답다.

　철 따라 피는 초롱꽃, 병꽃, 작약꽃 그리고 솔잎같이 생긴 보아베리는 나무마다 색깔이 다르다.

　진보라, 연분홍, 하얀 꽃이 오래도록 피어 있다.

　줄기를 뻗으며 분홍 꽃을 피우는 풍년화.

　우단찔레 빨간 꽃은 꽃잎이 우단 같다.

　지금도 줄기를 뻗으며 많은 송이가 아름답게 피어 발걸음을 멈추게 한다.

　몇 년 만에 은방울꽃이 많이 피어 나를 위로하고 있다.

　화단에 피고 있는 황금 장미, 분홍 장미, 핑크 장미 등등 다 셀 수도 없다.

　특히 왕꽃기린의 분홍색 꽃은 지나가는 사람들의 발걸음 멈추게 할 뿐만 아니라 새끼를 달라고 할 정도이다.

　인심도 쓰고 시름도 달래 주는, 아무리 보아도 싫증이 안 나는 나의 꽃이다.

　꽃들을 다 보내고 난 후에 계획이 바뀌어 또 꽃을 심기 시작했다.

아들과의 추억

아들이 중3 때 청량리에 갔다가 너무 예쁜 꽃을 보고 탐이 나서 사 온 꽃이 있다. 꽃의 크기가 대접만 하고 색깔은 붉은 핑크색으로 모양도 너무 예쁘다. 아마릴리스라는 이름을 가진 이 꽃은 새끼를 잘 안 쳐서 더 귀하다.

몇 년 만에 새끼를 하나 쳐서 오빠에게 갖다드렸다.

새끼를 한 번 친 아마릴리스는 다시는 꽃을 피우지 않았다.

몇 년이 지난 후 오빠네 집에 갔더니 그 아이가 새끼를 쳐 두 개로 늘어나 있었다. 십 년이 지난 것 같다.

오빠에게 하얀 꽃 아마릴리스를 갖다드리고 빨간 새끼를 내가 가져왔다.

3대가 된 그 꽃이 활짝 피었다.

돈으로도 살 수 없는 것이기에 더 귀한 꽃.

아들이 15살 때 사 온 꽃이 47세가 된 아들과 지금도 함께 살아가고 있으니 어찌 귀하지 않을까?

애절한 할미꽃

누군가 나에게 할미꽃을 사랑하는 이유를 묻는다면 전설의 할미꽃 이야기를 하겠다.

할매는 딸이 셋이 있다.

혼자 살던 할매는 딸들이 보고 싶어 집을 나섰다.

부자인 첫째 딸 집에 갔더니 문전박대를 당해 둘째 딸 집으로 갔다.

둘째 딸 역시 먹고살 만했지만 할매를 내쫓았다.

할매는 셋째 딸 집으로 갔다.

할매는 대문 앞에서 어머니가 오시면 대접할 것이 없어서 어떡하냐는 셋째 딸과 사위의 대화를 듣고 발걸음을 돌렸다.

고갯길과 산을 넘어야 하는 할매는 추위와 배고픔에 지쳐 그만 고갯길에서 죽고 말았다.

기다려도 오시지 않는 어머니를 찾아 나선 셋째딸과 사위는 고갯길을 오르다 돌아가신 어머니를 보게 되었다.

그들은 어머니를 양지바른 곳에 묻어 드렸다.

이듬해 봄 어머니의 무덤에 갔더니 무덤 위에 꽃이 피었다.

가난한 막내딸을 도와주지 못해 한이 맺힌 할매.

하늘을 쳐다볼 수 없어 고개를 숙였다는 할미꽃 전설이다.

나에게도 딸이 셋이 있다.

딸 셋 모두 다 효녀들이다.

그중에 막내딸이 힘들게 살고 있다.

막내딸 집에 가려면 버스를 타고 한 시간을 가야 한다.

버스에서 내려 내리막길로 갔다가 딸을 보고 집에 올 때는 오르막길을 올라가야 한다.

오르막길을 오를 때면 늘 할미꽃 생각을 하게 된다.

가난한 막내딸을 돕지 못하는 나 자신을 보며 할미꽃 생각을 하게 했다. 그래서 나는 할미꽃을 사다 화단에 심어 놓고 매일 수 없이 바라본다.

할미꽃, 사랑한다.

별꽃

이 세상에서 제일 예쁜 것이 무엇일까?

생각 중에 옛 어르신들의, 세상에서 제일 예쁜 꽃은 인꽃이라는 말씀이 떠올랐다. 나도 그 말을 생각하며 인꽃에 대해 한 줄 써 보려고 펜을 들었다.

나는 이 가정에 유성이 떨어지는 꿈을 꾸었다.

하나님의 역사가 시작되었다.

하늘에 별이 있듯이 엄마의 이름은 '하늘'이고 아이의 태명은 '별'이라 부른다.

그리고 별이 태어났다.

나는 기도 중에 이 아이를 어디로 보내면 잘 키울까? 둘러보시는 중에 이 가정에 보내면 믿음으로 잘 기르겠다고 보내셨단다.

그 말씀을 믿는다.

그 가정은 브니엘이란 이름으로 가정 예배를 드린다.

밤하늘을 보면 별이 반짝인다.

하늘 엄마, 별 아들.

이 둘이 함께 할 때 빛이 난다.

억지로 만들 수 없다.

이것은 분명 하늘의 뜻임을 증거하고싶다.

별이 자라는 모습을 나는 보고 있다.

영리하며 눈치 빠르고 사람의 마음을 사로잡는 영특함.

온 집안사람들 너나 할 것 없이 별이에게 함빡 빠져든다.

누구에게나 사랑받는다는 것은 그리 쉬운 일은 아니다.

하나님의 은총을 입은 아이임에 틀림 없다.

온 가족을 웃게 만들고 기쁨을 주는 것은 특별하기 때문이리라.

나는 꽃을 무척 좋아한다.

그러나 지금은 별이란 인꽃, 세상을 다 준다 해도 바꿀 수 없는 별꽃을 가장 좋아한다.

"공중에 나는 새와 꽃을 보라. 하나님이 먹이시고 입히신다. 하물며 너희일까 보냐." 하셨다.

많은 사람들이 별이에게 먹이고 입히고 신기고 차고 넘치는 장난감과 필요한 모든 것을 다 주고 있지 않은가?

이 모든 것들이 증명한다.

또 별이는 할머니가 살아가야 할 원동력이 되었다.

별이를 믿음으로 잘 길러야 하는 사명감과 말씀에 순종하여 기쁨을 나누며 잘 감당하고 있다.

내가 또 놀라는 것은 팔십 평생을 살면서 손자를 그렇게 사랑하며 예뻐하는 할아버지를 처음 보았다.

신기할 정도였다.

별이를 위해서라도 열심히 일하겠다고 다짐했단다.

별이는 특별한 아이임에 분명하다.

별이의 일생은 하나님이 책임지시리라.

봄이 오면

마당 모퉁이에 자리 잡은 다래나무는 봄에 싹을 피우고 여름에는 잎이 무성해져 마당 하늘을 덮는다.

그렇게 무성한 잎들이 가을을 지내고 겨울이 되면 휘몰아치는 찬 바람에 잎들을 떨어트리고 앙상한 가지만 남겨진 채 서 있다.

옆에 있던 앵두나무도 덩달아 벌거벗었다.

화분 속 꽃들은 겨울이 무서워 숨어 버렸다.

그래도 내년 봄엔 새싹이 나오고 꽃을 피우고 열매를 맺을 생각을 하여 참고 기다리리라.

동백꽃은 몽우리를 만들고 때를 맞춰 피려고 기다리고 있다.

목련

목련은 가을부터 시작해서 추운 겨울을 견디며 봄을 맞을 준비를 한다.

4월에 잠깐 꽃을 피울 때 사람들은 목련꽃이 피었다고 감탄과 환호를 하며 기뻐한다.

4월 말이 되니 낙화한 꽃잎들은 지나가는 차 바퀴에 깔려 뭉개지고 사람들의 발에 밟혀 망가져 버린다.

감탄과 환호는 간곳없고 청소하는 사람들은 힘들다고 투덜거린다.

빗자루에 쓸리고 쓰레받기에 담겨 쓰레기봉투에 들어가니, 아름답고 화려했던 모습은 없고 쓰레기가 되어 사라진다.

우리네 인생 또한 목련꽃과 다를 바 없는데 잠깐 세상에 왔다가 시들어져 사라지는 인생인 것을 무슨 미련이 많아 몸부림치며 아쉬워하는가?

풍란

화산돌은 단단하여 잘 깨지지도 않는다.

특수 기계가 아니면 속을 파낼 수 없기 때문에 귀하다.

지인은 귀한 줄 모르고 내가 달라고 했더니 선뜻 내주었다.

나의 보물단지가 된 화산돌 화분에 풍란과 고양이발톱을 심어 가꾸었더니 훌륭한 작품이 되었다.

풍란과 고양이발톱이 서로 조화를 이루어 숲속에서 꽃이 핀 것처럼 풍란이 꽃대가 나와 여러 송이가 활짝 피어 향기를 풍긴다.

꽃향기를 맡으며 예쁜 모습에 반해 핸드폰에 담아 두었다.

사람들도 놀러 왔다가 난을 보고 환호하며 코끝을 갖다 대고 향기를 맡으며 좋아한다.

고양이발톱이라 불리는 식물은 잎은 고사리를 닮았다.

자라는 모습이 꼭 고양이 발톱같이 생겨 붙은 이름이다.

사람이 산다는 게 별거 있나?

이런 화분을 보면서도 행복을 느낀다.

기쁨을 주니 행복한 게 아닌가 한다.

다래꽃 향기

화단에 꽃을 뽑아 없애고, 허전해진 담 밑을 볼 때마다 쓸쓸해서 다시 화단을 채우기 시작했다.

목단, 명월, 아로니아, 구아바, 장미, 방풍, 곰취, 꽃부추, 사계바람꽃, 매미꽃….

앵두나무도 가지가 늘어지도록 꽃을 피웠다.

십 년 전 심어 놓았던 다래나무도 가지를 뻗어 마당의 반을 그늘로 만들고 새순마다 꽃망울을 피워 장관이다.

이제 꽃향기를 따라 벌들이 찾아올 것이다.

윙윙대는 벌들의 소리와 은은한 꽃향기….

생각만 해도 행복하다.

올해 다래 열매는 얼마나 달콤할까.

향기

창문 앞 화단엔 5년 전에 어렵게 구해 심어 놓은 황금 백합이 잘 자라고 있다. 여러 개의 꽃망울을 맺고 피기 시작했을 때 비를 동반한 산들바람이 백합 향기를 몰고 창으로 들어와 나를 유혹한다.

'나와서 나의 향기 좀 맡아보라고….'

나는 얼른 화단으로 나갔다.
모양도 고귀하지만 색깔이 무어라 형용할 수 없이 아름다웠다.
은은한 향기가 내 마음을 사로잡았다.
곁에 있던 인동덩굴꽃이 샘을 내며 하는 말이,
"나도 여기 있으니 향기를 맡아 보세요."

인동덩굴꽃은 가느다란 모양에 여러 개가 한 송이를 이루고 있다. 겉은 분홍색이고 안은 노란색에 꽃 수술이 길어 향기를 내며 바람에 한들한들 춤추며 흔들고 있다.

'그래, 너의 향기도 참 좋구나. 빨리 봐 주지 못해 미안하다. 빗물이 너희들의 향기를 빼앗아 가는데… 나도 어쩔 수가 없구나.'

어이 할꼬 황금 백합, 인동덩굴꽃아. 너희들이 날을 잘못 맞추어 피었구나. 햇빛 쨍쨍한 날에 피었더라면 벌 손님, 나비 손님들이 찾아와 좋아했을 텐데.
어찌 비가 너희들을 슬프게 하는 걸까….

풀의 원망

나는 바랭이풀과 씨름할 때 사정없이 낫으로 바랭이풀 뿌리를 찍어 잘라 뽑아냈다.

할 수만 있다면 뿌리도 남기고 싶지 않았다.

바랭이가 나에게 항의한다.

"왜 나에게 이렇게 하는 거죠?"

"너희들이 내 동생을 너무너무 힘들게 하니까."

"나는 뿌리내려 자리 잡고 새끼 쳐서 천년만년 살려고 했는데 왜 내 삶을 망쳐 놓는 거요? 당신이 내 뿌리를 자르고 몽땅 뽑아 무더기로 쌓아 놓으니 주인이 우리를 말려 불에 태워 씨를 말릴 거라고 하잖아요. 당신 때문에 우리가 멸종하게 생겼으니 어찌 원망하지 않겠어요. 다시는 여기 오지 마세요."

들국화

대문 앞 화분에서
들국화가 갖가지 색깔로
자태를 맘껏 뽐내고 있다

활짝 피어 꽃향기를 풍기니
벌들이 날아와
이 꽃 저 꽃 날아다니며 꿀을 딴다

이렇게 한창의 국화를
지나가던 사람들이 사진을 찍었다

9월에 핀다 하여 9월 국화라고
나도 시들기 전에 꽃을 찍었는데…
어느새 시들어 가는 국화에
늙어 가는 나의 모습을 본다

가을밤

찬 서리 내리니
서리 맞은 낙엽은 땅에 떨어지고

낙엽은
바람이 장난을 쳐 공을 굴리듯
이리 굴리고 저리 굴리니
바람 따라 구를 수밖에 없네

나의 한평생을 돌아보니
바람처럼 세파에 시달려
낙엽처럼 이리저리 뒹굴며 살아왔구나

차가운 가을밤 공기가 옷깃에 스며들어
다시 옷깃을 여민다

'올겨울은 얼마나 추우려나'
겨울맞이 준비하려니
나를 더 쓸쓸하게 하는구나

낙엽이 춤춘다

가을이 왔다고 나무에 단풍이 들어 떨어지니 우리는 우리가 해야 할 일이기에 쓰레받기에 쓸어 담으려 했다.

바람이 방해하려고 춤을 추며 낙엽을 꾀어 낙엽도 바람 따라 춤을 추겠다고 이리저리 날기에,

"낙엽아, 너를 모으기가 너무 힘들다. 가만히 있으면 안 되겠니?"

낙엽이 하는 말.

"가만히 있다가 쓰레기 속에 썩는 것보다 춤이라도 실컷 추고 썩어 가는 게 낫지 않을까 해서 이리저리 춤을 추며 날아 본다오."

왕꽃기린과 어사화

앞마당에 화분들을 올려놓기 위해 선반을 달았다.

봄이 되어 선반 위에다 꽃기린을 올려놓았다.

봄기운에 잎이 나오기 시작하더니 꽃망울도 맺었다.

왕꽃기린은 햇볕을 좋아한다. 뜨거운 여름 햇살에 가지마다 빨간 꽃을 피우며 사람들의 마음을 유혹한다.

가을은 빠르게 지나가고 겨울이 와 빛이 조금 들어오는 화장대 옆에 옮겨 놓았다.

인색한 햇볕에도 가지마다 연분홍 꽃을 피우며 웃고 있다.

옆에 있던 난이 샘이 났는지(이 난은 꽃대가 올라오면 어사화 같은 모양을 해서 나는 어사화라 부른다) 향기 또한 은은하게 풍겨 내 마음을 사로잡는다.

추운 겨울이지만 꽃대가 올라와 꽃봉오리를 조롱조롱 맺었다.

제 몫을 다하며 기쁨을 주려고 노력하는 것 같아 보인다.

눈

밤사이 내린 눈이 세상을 온통 하얗게 만들어 놓았네
찬 바람이 불어 눈은 빙판길로 변해 버렸다

지나가는 노인들을 보니
하나같이 미끄러져 다칠까 봐 벌벌 떨며
한 발짝 두 발짝 조심조심 걷고 있다

저렇게 걸어 언제 목적지까지 갈 수 있을까?
젊었을 때는 빙판 위로 썰매를 타기도 했으련만
늙었다는 것이 슬프기도 하겠다

저 얼음이 언제 녹아
허리 펴서 맘 놓고 걸을 수 있을까?

어느 겨울밤

기나긴 겨울밤에
찬 바람은 스며들고
누울 곳이 없어
거실 바닥에 벌렁 누웠다

천장을 바라보다 시름에 잠겨
이 생각 저 생각 때문에
눈은 더욱 말똥말똥
잠을 쫓아 버렸다

날이 밝기 전에 잠들 수 있을까?
아들을 위해 새벽밥을 해야 하니까
잠 좀 재워 주려무나
피곤하지 않게

서리

동지섣달 긴긴밤에
시름에 잠겨 이리저리 뒤척이며
잠 못 이루고

짧고도 긴 내 인생이
추운 겨울을 만난 엄동설한처럼
얼어붙고 말았다

녹을 줄 모르는 이 마음
무엇으로 녹일 수 있을까?

봄이 몰고 오는
따뜻한 햇살과
산들바람이 시원하게 불어 주면
눈 녹듯이 녹으려나

바람

아침내 비가 내리더니 잠깐 멈추었다가 다시 비가 조금 오더니 찬 바람이 불기 시작하네. 겨울이 왔음을 알리나 보다.

'김장을 일찍 하기 잘했지….'

이제는 늙어서인지 추운 것이 싫다.

방도 싸늘하게 느껴진다.

바깥에 나가 하늘을 쳐다볼 용기도 없네.

바깥 화단에 심어 놓았던 야생화들이 얼어 죽을까 봐 비닐로 싸 주기도 하고 덮어 주기도 했지만, 올겨울은 또 얼마나 추울까?

그나마 햇볕이 조금 들어왔었는데 바로 옆에 빌라를 짓느라 햇볕을 다 막아 버렸다.

그늘진 곳에서 추위를 이겨낼 수 있을까?

겨울을 이기고 내년 봄에 다시 싹이 나와 자기들의 모습을 드러낼 수 있을까?

나는 빌라와 무슨 원한이 맺혔는지….

빌라를 피해 이곳으로 이사를 왔는데, 또 빌라 업자들이 집들을 사서 짓기 시작한다.

11월도 마지막 보내는 날이다.

좋을 글을 쓰고 싶은데 머리가 돌아가지 않네.

좋은 일이 많이 생기면 쓸 수 있을까?

꽃사랑

사람들이 좋은 꽃을 뽑아 가기 때문에 나는 손이 닿지 않는 높은 담 위 화단에다 귀한 꽃과 희귀한 꽃들을 줄줄이 심어 놓고 보고 있다.

마당 가에도 앵글 위에 대리석으로 선반을 만들어 화분들을 진열해 놓았다.

담 밑에도 화분들이 꽉 차 있다.

계절에 따라 피는 꽃들이 다르다.

철 따라 아름다운 꽃들이 피어 향기를 풍긴다.

벌과 나비들이 춤추며 날아들어 꽃들과 사랑한다.

그뿐이 아니다.

지나가던 아주머니들도 꽃을 보고 환호하며 향기를 맡는다.

꽃향기를 맡으면 아프던 머리가 시원해진다고 한다.

어쩌면 꽃을 이렇게 잘 가꾸냐는 칭찬도 많이 한다.

이제는 그런 말을 들을 수가 없다.

과거가 되었으니….

그리운 꽃들에게

꽃만 보면 생기가 나고 행복했었다.

자식처럼 사랑하고 다듬고 가꾸며 키웠더니 꽃들도 아는 것 같았다. 보답이라도 하듯 아름다운 꽃을 피우고 향기를 주었다.

그런데 사정이 생겨 십 년을 넘게 키운 아이들을 보낼 수밖에 없었다. 다행히 꽃을 좋아하는 사람이 가져가겠다고 했다.

그 사람이 트럭을 몰고 와 화분과 꽃을 몽땅 실으니 한 차가 되었다.

잘 키우라고 부탁하고 꽃들은 떠나갔다.

돌아선 나는 담 밑을 보니 줄지어 섰던 화분들은 간 곳 없고,

화단을 쳐다보니 예쁘던 꽃들이 하나도 없다.

눈물이 절로 나 울고 또 울었다.

다시는 볼 수 없기에 어디선가 잘살고 있겠지?

많이 많이 보고 싶구나.

다래나무

　해마다 다래나무를 쳐다보며 '다래 순을 따 먹을걸' 후회했는데 올해는 3번에 걸쳐 다래 순을 따 삶아서 말려 놓았다.

　한 달이 지나 다시 쳐다보았더니 앙상한 원가지에 어느새 새순이 나와 여기저기 쭉쭉 뻗으며 자라났다.

　꽃망울이 맺힌 몇 가지만 남겨 놓았었는데 꽃이 피었다.

　해마다 눈이 내린 것처럼 쌓여 있던 꽃잎은 보이지 않고 몇 잎 안 되는 꽃잎이 떨어져 볼품이 없었다.

　윙윙거리며 몰려오던 벌떼들도 보이지 않고 그저 몇 마리만이 이 꽃 저 꽃으로 날아다닌다.

　투덜거리며 쓸던 꽃잎도 쓸 게 없고 무성해진 다래나무를 쳐다보며 한숨짓는다.

　집을 팔고 떠나야 하는데 다래나무야, 앵두나무야 너를 데려갈 사람이 없을까?

　너희들과 이별할 시간이 다가오는구나.

　이별의 아픔을 누가 알까?

　다시는 볼 수 없는데.

이별

　이십 년 정든 집을, 자식처럼 가꾼 나무들을 두고 떠나야 할 날이 한 달 밖에 남지 않았다. 다래나무, 앵두나무가 포크레인 끝에 찍혀 죽을까 봐 애태우고 있었다.

　다행히 사연을 듣고 나무를 사랑하는 젊은 청년이 와서 데리고 갔다. 청년은 다른 곳에 빨리 심어 주어야 살 확률이 높다며 서둘렀다.

　나무가 잘 살면 사진을 찍어 보내주겠다는 말을 남기고 떠나갔다.

　다래나무 때문에 걱정이 많았는데 이제 한시름 놓았다.

　화단에 꽃들도 다 뽑아 주고 나니 흙만 남았다.

　흙도 거름인데 아까웠다, 가져갈 수만 있다면….

　골목 입구 실집 작은 화단에다 수석탑을 쌓아 놓고 기념 사진도 찍어 놓았는데 쓸 만한 것은 사람들이 다 가져가고 무겁고 볼품없는 것들만 남아 있다.

　다래나무, 앵두나무, 꽃들과 낙엽과의 즐거웠던 날들, 그때를 생각하며 추억해야겠다.

　나중에 소식을 들었다.

　다래나무, 앵두나무가 잘 살고 있다고 했다.

반딧불

　같은 고향 동생네 집에 갔더니 반딧불이 나를 반기며 어린 시절을 생각 나게 했다.

　옛날에 너를 처음 만났을 때 나는 어린 소녀였지.

　너의 불빛을 확인하려고 쫓아다니며 잡아 보니 너는 날아다니는 벌레, 반딧불이었다.

　칠십 년이 지난 지금 여기서 너를 만났구나.

　지금은 백발노인이 되어 옛 생각을 떠올리며 웃을 뿐이지.

　반갑기도 하지만 너를 잡아 볼 생각도 없고 너는 어둠이 짙어 가는 이 시간 누구를 찾느라고 여기저기를 날아다니는가?

　친환경 단지라 농약을 뿌리지 않아 살아남아 날아다니는구나.

　언제 다시 너를 또 볼 수 있을까?

　잘 있거라, 반딧불아.

별

서울 하늘에서 볼 수 없는 별을 나는 담양에 와서 보았다.

맑고 푸른 하늘에 셀 수도 없는 많은 별들을 보며 큰곰자리, 북두칠성, 좀생이를 찾았지만 찾지 못했다.

논두렁에 감나무들이 줄 선 것처럼 서 있다.

붉은 감들이 주렁주렁 달려 있어 보기에 참 좋다.

동생은 붉게 익어 가는 감을 따다 곶감을 만든다고 밤마다 깎아 곶감 꼬치에 꿰어 하우스에 걸어 말린다.

반시 곶감을 동생이 주면서 먹어 보란다.

맛이 좋았다.

아침이면 알이 굵어 탐스러운 은행을 주웠다.

밤나무 밑에서 밤을 주워 보니 재미있었다.

알이 커서 갓난아기 주먹만큼 크다.

동생은 토란대며 밤이며 쪄 말린 고추 모두 자식들 준다고 열심히 준비한다.

그런 동생을 보며 생각했다.

'부모 마음은 다 그런가 보다. 줘도 줘도 주고 싶은 마음을 자식들은 알까?'

바짝 마른 체격에 그을러 새까만 얼굴에 주름이 다 차지하고 있건만, 자식만 생각하는 동생을 보며 네 몸도 챙기라고 말해 주었다.

소낙비

소낙비는 그칠 줄 모르고 쏟아지며
천둥은 우르릉 쾅쾅
빛과 천둥소리에 죄 많은 자들은
무서워 떨겠지?
어디서 또 벼락 맞았다는 소리가 들리지 않을까?

그래도
비가 그치면 돌아갈 집이 있다는 게
얼마나 다행인가?

비

비가 많이 와서 더러운 것들을 씻어 주기를 기다렸던 때도 있었다.

그러나 지나칠 만큼, 그칠 줄 모르고 쏟아붓는 비가 야속하기만 하다.

어찌하여 불쌍한 많은 생명들을 흙탕물, 흙더미 속에서 죽어 가게 하는가?

부귀영화를 누리는 인생은 큰소리치며 잘도 사는데 가난하여 지하방에 산 것이 무슨 죄란 말인가?

어린 생명들은 세상을 제대로 보지도 못했는데 그들의 영혼들은 어디로 갔을까?

죄를 지을 시간도 없었으니 하늘나라로 올라갔겠지?

맑은 날

오늘 아침은 약간 시원한 느낌이 든다
저 맑고 푸른 하늘 때문인가?
저기를 쳐다보라

창공을 나는 목화솜 구름들이
두둥실
떠가는구나

나도 저 구름처럼 날고 싶다

저기 저 구름 좀 보게
고깃덩이 모양을 하고 앞서간다

뒤쫓아 달려가는 구름은
꼭 강아지 모양일세

고깃덩이를 먹으려고 쫓아가는 강아지 같다

구름은 좋겠다,
마음대로 모양을 낼 수 있으니까

뜬구름

이른 아침 갈 곳은 없고 베란다에 앉아 하늘을 쳐다보았다.

'오늘 날씨는 어떨까?'

우연인지 서쪽 하늘에 흰 구름이 목화솜처럼 둥실둥실 떠올라 온다.

'저 목화 구름은 어디로 가려나?'

무심히 쳐다보는데 점점 높이높이 올라가 흐려지더니 흔적도 없이 사라졌다. 사라져 버린 목화 구름을 보면서 나를 돌아보았다.

'내 인생도 세월 따라 흘러 흘러 저 구름처럼 간 곳 없이 사라지겠지?'

덧없는 인생, 나도 나이를 먹고 있다는 게 절로 실감이 난다.

바쁜 구름

칠흑 같던 내 검은 머리카락은
무엇이 그리 바쁘다고
파 뿌리 흉내 내며
백발로 바뀌었나

저 홀로 떠가는 흰 구름 불러
누가 먼저 달려가나 내기하자 하였더니

저 구름 좀 보게
자기는 더 바쁘다고
천천히 뒤에 오라 손짓하며
먼저 달려가 버렸네

구름이 부럽구나

답답한 마음 달래 보려고 바깥 베란다에 나가 앉아 하늘을 쳐다보았다.

구름이 무리를 지어 둥실둥실 떠간다.
서쪽으로 동남쪽으로 가니 부러워 구름에게 부탁한다.

'나 좀 데려갈 수 없겠니?
세상이 험난하여 보고 싶지도 않고 듣고 싶지도 않아,
훨훨 날아가고 싶구나.
너희가 나를 등에 얹어서 떠가는 곳에 데려갈 수 없겠니?
너희들처럼 떠가면 온 세상을 달리 볼 수 있지 않을까?'

구름 가는 곳에 세상 험난함도 둥둥 띄워 보내고 싶다.

너박에

저 높고 높은 하늘을
구름이 뒤덮어 햇빛을 가리우는데
보다 못한 바람이 세차게 불어
구름을 쫓아 주고 있네

세상을 깨끗이 하얗게 덮어 놓은 눈을
따뜻한 봄 햇살이 다 녹여 버렸네

더러운 세상을 씻어 주겠다던 비는
소리 없이 사라졌구나

밟아도 밟아도 잡초들은
죽지 않고 땅을 헤집고 올라오는데

이 많은 잡초들을 뽑아 줄이는
농부밖에 없네

하늘 바다

오늘은 유난히 더워 그늘을 찾게 하더니, 어느새 선선한 저녁이 되었다.

하늘의 조화를 이 미련한 인생이 어찌 알랴?

시원한 바람에 이끌리어 밖에 나가 하늘을 쳐다보았다.

놀라운 광경이 하늘에서 펼쳐지고 있었다.

하늘의 색깔이 바닷물을 연상케 한다.

바다에 파도가 치고 연신 출렁이는 물결이….

꼭 바다에 온 느낌이었다.

그 위로는 흰 구름이 바람에 밀려 떠오르는데 마치 산에서 안개가 걷히는 것 같다.

왼쪽 하늘에서는 조각달이 떠 있으면서 마치 하늘 풍경을 구경하는 것 같다.

이 모습을 카메라에 담았으면 많은 사람에게 보여 줄 수 있었을 텐데….

혼자만 보기엔 너무 아깝다.

3. 공원에서

며느리와 장떡

공원에서 할머니들과 수다를 떨다가 보니 오후 6시였다. 한 사람 두 사람 집으로 돌아가고 나도 7시가 되어 집으로 향했다.

집으로 가는 길에 며느리를 만났다.

며느리는 막걸리 한 병을 사 들고 집으로 가고 있었다.

"어머니, 한잔하실래요?" 하며 막걸릿병을 나에게 보였다.

"좋지."

며느리가 부쳐 놓은 장떡을 안주 삼아 나도 한 잔, 며느리도 한 잔.

"밥이 어정쩡해서 장떡 부쳐서 막걸리와 먹으려고요. 어머니, 김치가 맛있어요. 김치에 쪽파, 양파, 돼지고기 넣고 부침가루로 부쳤어요. 맛이 어떤는지 모르겠어요. 드셔 보세요."

막걸리 한 모금 마시고 장떡을 떼어 먹어 보니 맛있었다.

"맛있다, 야. 아주 잘 부쳤네."

"더 있어요. 부쳐 드릴까요?"

"그래."

막걸리와 며느리가 부쳐 주는 전을 다 먹으니 기분 좋게 배가 불렀다.

"얘, 밥보다 더 좋다. 또 해 다오."

"네."

행복이란 이런 것이 아닐까?

며느리와 시어머니 사이가 이만하면 된 것 아닌가.

살과의 전쟁

갑자기 몸이 불어 살을 빼 보려고 공원에 갔다.

아침에 열다섯 바퀴, 저녁에는 스무 바퀴, 부지런히 돌다 보면 땀이 흐른다.

잠시 쉬는 동안 흐르는 땀을 가을바람이 시원하게 해 준다.

하늘을 쳐다보니 갖가지 구름이 서로 자랑하듯 지나가는구나.

저 구름처럼 내 인생도 흘러가고 있다.

언제 닿을 줄 모르는 본향을 향하여.

비와 바람과 구름

간밤에 바람이 너무 세차게 불어 베란다에 올려놓은 화분이 떨어져 깨졌을까 봐 문을 열고 나가 보았다.

다행히 화분들은 하나도 떨어지지 않고 제자리를 잘 지키고 있었다. 안도의 숨을 쉬며 의자에 앉아 하늘을 쳐다보니 검은 구름들이 바쁘게 어디를 향해 가는지 달려가고 있다.

또 바람도 질세라 세차게 불어대는데, 건너편 빌라 옥상에 심어 놓은 나무가 바람이 뒤흔들어대니 갈피를 잡지 못하고 이리저리 정신없이 춤추듯 흔들어 댄다.

나는 쳐다보며 저 나무가 부러지지 않을까? 또 뽑힐까 걱정이 되었다.

그 빌라에 사는 친구 집 베란다를 보니 꽃이 핀 화분을 바람이 넘어트려 놓았다. 친구더러 끈으로 묶어 주라고 했더니 강아지가 베란다에서 떨어질까 봐 못 하겠다고 했다.

그 집은 강아지가 우상이다.

보다 못해 나는 친구의 집에 쫓아가 화분을 단단히 묶어 넘어지지 않게 해 주고 왔다.

계속 비가 와 바람 구름이 약속이나 한 듯이 함께 몰아치고 있다. 바라보는 내 마음도 쓸쓸한 인생 아닌가? 바람처럼 구름처럼 흘러가는 내 인생을 무슨 재주로 잡을 수가 있겠는가?

잡을 수만 있다면 잡았겠지.

친구

그 사람과는 우연히 공원에서 만나 친구가 되었다.

나이도 동갑이고 만날수록 마음이 잘 맞아 친해졌다.

친구는 부지런하다.

냉이를 캐서 다듬어 씻어다 주고 상추도 가져다준다.

내가 집에 없으면 대문에 매달아 놓고 간다.

무엇이든지 생기면 나에게 갖다주는 친구.

친구와 속마음까지도 나누며 친하게 지냈다.

그 친구를 만난 지 3년, 어느 날 발목이 아파서 같이 하는 일을 못 하게 되었다. 3개월째 소식도 없고 보고 싶어서 그 친구와 처음 만나, 우리가 자주 이야기를 나누던 공원에 갔다.

공원에서 친구가 췌장암으로 죽었다는 청천벽력 같은 소식을 들었다. 뒤통수를 얻어맞은 것같이 멍하게 하루를 보냈다.

친구는 남편을 먼저 보내고 늘 그리워했다.

나는 친구가 살아온 이야기와 남편에 대한 사랑을 편지로 써 주었었다. 편지를 읽고, "나는 뭘 하고 살았지? 글 한 줄도 못 쓰고."라고 말했던 그 친구는 남편이 그리워 남편 곁으로 갔나 보다.

벗, 신상남

나에게 참 좋은 벗이 있다. 신상남이다.

'신상남' 당신은 수없이 먹을 것을 만들어 주고 자주 전화도 해 주고 건강을 물어본다.

당신에게 받은 사랑이 많은데 또 은혜를 입게 되었다.

며칠 전 밤에 잠을 자려고 손을 따뜻하게 해서 배 위에 올려놓았더니 평안함을 느꼈다.

전기 매트를 사서 배 위에 올려놓고 자 봐야겠다 생각만 하고 실천을 못 하고 있었다.

어느 날 벗이 나를 보더니 말했다.

"형님 얼굴이 말이 아니네."

"요즘 며칠째 몸이 저리며 다리에 쥐가 나서 잠을 못 잤어. 전기 매트를 사서 배에 올려놓고 자 볼까 생각만 하고 사지를 못했어."

"우리 집에 있는 것 같아. 찾아보고 있으면 줄게."

다음 날 아침에 전기 매트를 들고 벗이 왔다.

돈을 주고 샀을 텐데 아끼지 않고 들고 온 사랑에 감동했다.

마침 막내딸 집에서 예배드릴 때 먹으려고 쑤어 둔 호박죽이 있어서 한 그릇 대접했다.

맛있다며 죽 한 그릇을 다 먹고 빨리 사용해 보라며 돌아갔다.

막내딸 집에서 예배를 드리고 집으로 와 매트를 틀고 배에 올려놓고 잠을 잤다.

밤새 쥐도 나지 않고 단잠을 잤다.

아침에 일어나니 몸도 가볍고 기분이 좋다.

벗이여, 당신이 네게 평안과 기쁨을 주었는데 나는 무엇으로 당신의 은혜를 보답할꼬.

당신의 사랑에 깊은 감사를 드린다.

사는 날 동안 보답하도록 노력할게.

사랑하는 벗이여 길이 함께 가자꾸나.

육 남매의 엄마

공원에 운동하러 갔다가, 운동하고 있는 여인을 보았다.

여인은 궁둥이를 뒤로 내밀고 등은 어정쩡하게 구부리고 걷고 있었다. 보기에 딱해서 한마디했다.

"어깨에 힘을 주고 허리는 쫙 펴고 걸어야지."

여인은 허리 수술을 해서 그렇다며 내 말대로 걸었다.

훨씬 보기가 좋았다.

이십 년을 과일 장사를 해서 무거운 짐을 많이 들었더니 손가락 끝이 다 꼬부라졌다고 했다.

여인이 안타까워 물어보았다.

"영감은 돈 안 벌어 주오?"

"육 남매를 낳아 놓고 첩을 얻어서 집을 나가 도와주지 않아서 혼자 육 남매를 키우느라 말할 수 없는 고생을 했어요. 지금은 자녀들이 결혼해서 다 잘살고 있어요. 아들, 딸이 빨래골에 사는데 이사 오라고 해서 이사 온 지 한 달도 안 되었어요."

덧붙여 하는 말이,

"지금 집 나간 영감이 돌아오겠다고 하는데 죽어도 안 볼 거예요. 첩이 큰딸보다 세 살 더 먹었어요."

그 영감은 자기가 늙어서 그렇게 될 줄 몰랐겠지?

여인은 복지관에서 노래도 부르고 춤도 추고 행복하단다.

자식들의 사랑을 받으며 편히 산다고 말했다.

기다림

무더웠던 여름은 어느새 지나가고
가을인가 했더니 가을을 맛볼 사이도 없이
찬 서리 내리고
눈바람이 겨울을 몰고 성큼 다가왔네

정자에 옹기종기 모여 앉아
이야기꽃을 피우던
할머니들의 발걸음을 멀리하게 한다

공원 정자와 의자는 외로워서
혹시 누군가 찾아오지 않을까
쓸쓸하게 기다리고 있네

늙는다는 것은

구십팔 세 노인이 갈 곳이 없어 매일 정자에 나와 하루 종일 앉아 있다.

오늘은 쏟아지는 소나기를 처량하게 바라보고 있다.

누군가가 건네주는 감자 한 톨 얻어먹고 비가 조금 멈추니 우산도 없이 비를 맞으며 쉴 곳을 향해 걸어간다.

빗속으로 걸어가는 노인의 뒷모습엔 '처량'이란 글씨가 적혀 있다.

치매

글을 쓰고 싶을 때 좋은 글이 떠오르지 않아 지식이 부족해서라고 한탄할 때도 있었다.

무정한 세월은 인정도 사정도 없이 흘러가 버렸다.

많이 배웠다는 한 노인을 보았다.

치매라는 놈이 온몸과 정신을 장악하여 잡고 있으니 이겨내지 못하고 고난을 겪고 있구나.

자녀가 있다고 한들 무슨 소용이 있는가?

손과 발같이 함께할 수가 없는데 치매라는 놈을 잡아, 능지처참을 해야 하는데 그분에게는 그 또한 잡아 주는 이가 없다.

눈으로 보면서도 도울 수가 없는 내가 한스러울 뿐이다.

노파

백 세를 못 채운 노파가 정자 기둥에 기어대 앉아 늘 입버릇처럼 하는 말.

"천덕꾸러기라 빨리 죽지도 않아".

누가 먹을 것을 주면 고맙다며 받아먹던 그 모습이 눈에 선하다.
아들과 딸이 있다는데 너무 오래 살아 자식들이 버렸을까?
이제는 천덕꾸러기란 소리도 들을 수 없게 되었다.
다시 올 수 없는 먼 길 여행을 떠나셨다.
노파가 앉아 있던 정자도 노파의 흔적을 없애듯이 헐어졌고 노파를 기억해 주는 이도 없다.
안 보이면 먼 길을 떠났나 보다….

인생길 먼 것 같아도 백 세도 못 채우고 흘러가는 구름처럼 노파는 가버렸다.

꼬부랑 할매

　등은 항상 꼬부라져 이마가 곧 땅에 닿을 것 같은데 그 등은 언제나 가방을 메고 있다. 그 가방 속에 무엇이 들어 있는지 궁금했다.

　마침, 비가 오는 바람에 궁금증이 풀렸다.

　비가 오자 할매는 가방을 열었다.

　찢어진 비닐 우비를 꺼내 입고 또 비닐봉지를 꺼내어 가방을 쌌다.

　할매는 가방 속에 추우면 입을 옷도 있다고 했다.

　그리고 비상 양식이라며 조그만 병에 든 소금을 보여 주었다.

　그 소금은 자그마치 35년 묵은 소금이라고 자랑을 했다.

　더 이상 할 말이 없어진 할매는 손주를 키운 이야기와 내일 구세군에서 추석 잔치를 해 준다고 일찍 가야 한다며 일어났다.

　이곳저곳에서 얻어먹고 다녀서 먹을 곳은 빠삭하게 안다고 했다.

　그런 꼬부랑 할매가 불쌍하다.

주는 기쁨

갈 데 없는 노인들이 무엇을 기다리듯
공원 의자에 나란히 앉아 있다
누군가가 아이스크림이나 요구르트를 사다가
나누어 주면 즐거워한다
그것도 한 번 사다 줄 수 없는
노인들의 심정을 생각해 보니 쓸쓸하다

줄 수 있다는 것도 즐거움이 아닐까?

거울

정자 기둥에 등을 대고
쓸쓸히 앉아
쏟아지는 빗속을 바라보고 있는
저 노인네

종일 점심도 굶고 같은 자리에 앉아 있는
그 모습이 측은하여
옥수수를 삶아 들고 갔더니

반기는 그 모습이
내 모습을 보는 것 같구나

4. 일기장

손

　팔십 줄에 들고 보니 그냥 보내는 시간이 아까워 한문도 써 보고 글씨 공부도 해 보려고 볼펜을 잡았다.

　손을 움직이려 하니, 어! 이 손 좀 보게. 내 마음 말 아니 듣고 제멋대로 흔들고 있다.

　어찌 손더러 흔든다고 탓할 수 있겠는가?

　손이 하는 말, 저도 세월 따라 여기까지 왔노라고 고집하며 지금까지 함께 왔으니 사는 날까지 함께 가자며 붙어 있겠다는데, 나는 고맙지.

감자의 말

감자: 당신은 팔십 평생 살면서 대리석과 누가 더 센가 한 판 붙어 보자
고 박치기하다가 보기 좋게 져서 얼굴이 깨지고 멍들어서 보는 이
들로 하여금 큰일 날 뻔했다며 위로라도 받았지요.
나 감자, 지금은 늙어 쪼그라지니 누구와도 싸운 적 없고 당신처럼
대리석과 박치기도 한 적 없는데도 몸에 멍이 생겼다오. 멍이 든
것조차 알지 못했지만 말이오.
하지만 반평생을 살면서 싱싱할 때는 사랑도 많이 받은 적이 있었
다오.
당신이 내 옷을 홀딱 벗기는 바람에 내 몸이 이렇게 시커멓게 피멍
이 든 줄 알았다오. 당신은 대리석과 싸워 졌다고 할 말이나 있지.
나는 누구와도 싸운 적이 없으니 변명할 말이 없군요.
그나마도 늙고 멍들었다고 쓰레기통에 버리지 않고 이리 잘라내고
저리 잘라내어 조금 남은 몸뚱이를 그나마 버리지 않고 사람들의
입속으로 들어가는 것을 다행이라 생각한다오.
당신의 멍든 얼굴은 어떻게 되었는지 궁금합니다 그려.

나: 감자야, 결혼식을 무사히 마쳤어.
그런데 대리석이 얼마나 세게 쳤는지 피멍과 부기가 낫질 않아 한의
사 오라버니에게 갔단다.
오라버니는 피를 좀 빼야 한다며 부어오르고 멍든 곳에 여러 번 침을
놓았어.
가장자리는 검은 피가 나오는데 대리석과 직통으로 박은 곳에서는

먹물 같은 죽은 피가 나왔지.

오라버니가 죽은 피를 보여 주며,

"이것 봐라, 이렇게 죽은 피가 있는데 어찌 낫겠냐. 진작 왔어야지.

그대로 두면 속에서 썩어 염증이 생겨 큰일 난다."

오라버니는 약을 발라 주면서 조금 더 두고 보자 하셨어.

감자야, 안녕!

* 아들이 도시락을 싸서 직장에 가기 때문에 감자북엇국을 끓이려고 감자를 깎다 보
니 감자가 모두 퍼렇게 멍이 들어 문득 내 얼굴이 생각나서 이렇게 쓰게 되었다.

작은 선생의 눈물

막내딸을 도우려고 어느 중·고등학교 급식 일을 하러 갔다.

그곳에서 작은 선생이라 불리는 어린 여선생을 만났다.

작은 선생은 눈물을 흘리고 있었다.

작은 선생은 시력이 많이 나빴고 잘 보이지 않아서 어려움을 겪고 있었다.

작은 선생은 중학교 학생들의 급식 담당 영양사였고 고등학교 영양사 선생에게 많은 시달림을 받고 있었다.

그만둘까 생각하기에 참고 견뎌내라고 했다.

나는 작은 선생을 격려해 주었다.

"기죽지 말고 당당하게 살아요, 그래야 세상을 견디고 이겨내지."

"네, 내일 또 오세요."

"그럼요, 내일 올게요."

얼마 후 급식 도우미 일이 끝나면서 작은 선생과의 만남도 끝이 났다.

막내딸이 작은 선생의 소식을 전해 왔다.

작은 선생은 결국 사표를 냈다고 했다.

나는 학교 급식 일이 그렇게 힘든 일인지 몰랐다.

조리사를 보조하는 분들이 많은 수고를 하고 있었다.

특히 청소 담당들은 급식실 위생 때문에 쓰레질과 마대질을 수시로 해야 했다.

나도 열심히 하다 보니 옷이 땀에 젖어 얼룩얼룩해졌다.

아무도 알아주지 않는 곳에서 보이지 않게 수고하는 사람들이 많다는 것을 뒤늦게 알았다.

그들의 한숨

여름내 땀 흘리며 작업을 해도 즐거웠던 것은 대가를 받기 때문이다.

말복이 지난 지 며칠이 안 되었는데 공기가 시원하게 느껴진다.

가을을 기다리며 희망을 가지고 피땀을 흘리며 농사를 지었건만, 수마
에 휩쓸려 흙더미에 묻혀 버린 벼와 농작물들.

농부들, 그들의 한숨 소리가 가슴에 사무쳐 울리는구나.

이 억울한 일들을 누가 책임질 것인가?

대답할 자가 없구나.

무엇을 했나?

뜨거웠던 여름 햇살은 어디로 가고
싸늘한 느낌이 가을을 알리는 것 같은데

가을인가 했더니
가을밤이 쌀쌀하게 느껴진다

머지않아 귀뚜라미 소리도 사라지겠지
어디에 숨었는지 보이지 않네

모기떼는 계절을 알고
후세를 남기려고 마지막까지 포기하지 않고
피를 찾아 이곳저곳 열심히 날아다니며
기승을 부리는데

나는 세월만 보내고 무엇을 하고
살았는가

후회

  동지인 줄 알고 손에 총을 쥐여 주고 함께 전쟁터에 나가 싸우자고 했던 나는 세상에서 제일 어리석은 사람이었다.

  그들은 동지가 아닌 적이 되어 오히려 나를 향해 총을 겨누어 쏘았다.

  세상에 믿을 사람이 없다는 것을 뒤늦게 알게 된 나.

  후회해도 소용이 없다, 이미 늦은 것을.

  당해 보지 않으면 아무도 모를 것이다.

  나 같은 어리석은 자가 또 있을까?

세월

저희들이 무슨 짓을 하는지 알지 못하고
옳다고 생각하며 남의 가슴에 대못을 박았다

시간이 흘러 흘러 저 멀리 가 버리면
그때서야 깨달을까?

때는 이미 늦은 것을
되돌릴 수 없기에 한숨이 절로 나온다

너무 멀리 왔으니
그냥
세월 따라가는 수밖에 없겠지

허무

나도 한때는 모두의 부러움을 샀던 때가 있었건만, 무엇을 하며 살았는지 생각조차 하기 싫다.

어이 세월만 보냈는지 곱고 아름다운 꽃도 시들고 보니 초라한 모습뿐이다.

아름답던 내 인생도 들의 꽃과 풀처럼 시들어 볼품없게 되고 아무도 그 옛날 아름다웠다는 것을 기억해 주는 이가 없다.

나를 기억하는 사람들이 거의 다 먼 길을 떠났으니까….

고개

보름달같이 밝고 아름답던 18세 소녀

칠흑같이 검은 머리 쟁반같이 드리우고 걷던

그 소녀는 세월 따라가다 보니

곱던 얼굴에 주름이 생기고 검은 머리엔 흰 서리가 내렸다

그 사이 세월이란 고개를 몇 번이나 넘었을까?

이제는 웃을 일도 없고 기쁜 것도 모르겠다

내가 마지막으로 넘어야 할 고개는 깔딱고개뿐이네

꿈

태풍이 몰아치는 엄동설한에 갈 곳을 찾지 못하고 살얼음판 가운데 움츠리고 서 있는 나그네.

어디로 가야 할까?

하늘만 쳐다보고 떨고 있는 저 불쌍한 사람아!

짧다면 짧고 길다면 긴 여정을 한세상 살 동안 무얼 하고 있었나.

의지할 곳 없는 생의 마지막이 왔는데 눈뜬장님이 되어 아무것도 보지 못하고 그저 세월만 보냈구나.

구름처럼 바람처럼 지나가려니, 했건만 이렇게 힘들 줄 몰랐었다.

알았더라면 단단하게 무장을 했었겠지.

그랬더라면 폭풍이 몰아쳐도 든든하게 섰을 테지.

앞일을 알지 못해 폭풍을 만났으나 이길 길을 찾고 있다.

애태우며 산들 무엇이 달라질까?

평탄한 길 가고 싶은 것은 인간의 부질없는 욕심인 것을.

한 가닥 꿈이 있다면 높은 곳을 향하여 감사하며 눈을 감을 수 있는 것이 행복이 아니겠는가?

산다는 것

하늘을 보니 쏟아지는 비밖에 보이지 않네.

자유자재로 하늘을 마음껏 날던 까막까치들과 비둘기도 전혀 보이지 않네.

자기들의 보금자리가 있을까?

하루 종일 먹이를 구하지 못했으니 얼마나 배가 고플까?

다람쥐는 도토리도 없는데 무얼 먹고 살지?

그래도 멧돼지들은 다행이다, 칡뿌리라도 있으니.

날짐승, 들짐승, 하루 벌어 하루 먹고 사는 사람들도 마찬가지.

비가 그치기를 얼마나 기다릴까?

가난을 겪어 보지 못한 사람들은 모를 거야.

여름밤

뒤척이며 잠 못 이루는 무더운 여름밤 삼복더위.

시골 같으면 밤새 우는 풀벌레, 여치, 귀뚜라미들의 노랫소리가 자장가로 들릴 터인데 도시라고 옹벽 속에 갇혀 사는 인생이다 보니 자연의 소리를 들을 수가 없다.

밤마다 헌혈해 달라고 달라붙어 피를 빠는 모기 때문에 잠들었다가도 깨어 일어난다.

전에 기도할 때 모세처럼 눈도 귀도 어둡지 않게 해 달라고 했더니 들어주셨나? 지금 팔십이 넘었는데 눈과 귀가 어둡지 않아 모깃소리에 잠에서 깬다.

모깃소리에 일어나 불을 켜고 쫑이라는 모기약을 들고 모기를 찾아 사정없이 뿌렸다.

약이 독해서 맞으면 즉시 떨어진다.

잡아 보면 피가 빨갛게 나온다.

모기를 쓰레기통에 넣어야 속이 편해진다.

지금은 좋은 세상이라 더우면 에어컨을 틀고 시원하게 잘 수 있는데, 나는 알레르기 비염 때문에 찬 바람을 쐬면 재채기와 콧물이 쏟아진다.

어쩔 수 없이 방문을 닫는다.

더우면 다시 방문을 열고 추우면 닫기를 반복한다.

이유를 말하자면 에어컨이 거실에 있기 때문이다.

저쪽 방은 손자 방이고 이쪽 방은 손녀 방이다.

에어컨을 끄면 손자, 손녀가 얼마나 덥겠는가?

그래서 밤새 에어컨을 틀어 놓고 있다.

내 몸을 위해서는 내가 일어났다 누웠다 해야 한다.

오늘 이 밤도 날이 새기 전에 한잠 더 자야겠다.

새집 만들기

초겨울에 이사를 와 내부 수리만 하고 겨울을 났는데, 봄이 되어 장을 담그려니 손자, 손녀 방 천장에서 물이 샜다.

옥상에 방수 처리를 해야 한다고 방수를 부탁했는데, 이 일 저 일 핑계 삼아 여름이 오도록 미뤄졌다.

여름에 장을 담그지 못하고 가을에 장을 담갔다.

여름에 옥탑 방수를 했지만, 옥탑방 외벽이 시커멓게 썩어 있어 보기에 안 좋았다.

동네 사람들이 한마디했다.

"집수리는 잘했는데 시커멓게 썩은 게 보기 싫다"고.

아들 며느리에게 그 말을 전했다.

나중에 한다고 하기에 내가 칠하겠다고 말했다.

아들과 며느리는 못 한다고 말렸지만, 나는 페인트 가게로 갔다.

페인트 가게에서 빠데를 바르고 기름칠을 하고 페인트칠을 하라고 알려 주었다.

나는 사다리를 놓고 옥탑에 올라가 알려 준 대로 빠데칠을 했다.

끝내고 내려오려니 다리가 떨려 내려올 수가 없었다.

늙은 줄도 모르고 마음만 앞서 이것쯤이야 했는데….

손녀의 도움을 받아 내려왔지만, 다시 올라가 페인트칠을 할 자신이 없었다.

아들과 손자에게 페인트칠을 맡겼다.

페인트칠을 해 놓으니 깨끗하고 보기에 좋았다.

동네 사람들이 새집이 되었다고 좋아했다.

페인트가 남아 2층 계단 옆과 1층 벽을 칠했다.

깨끗하고 보기에 좋은데 대문이 문제였다.

칠이 다 벗겨져 보기 싫었다.

그래서 남색 페인트를 사다가 대문을 칠했다.

대문까지 말끔하게 칠을 하니 정말 새집 같았다.

동네 사람들이 나보고 억척이라며 대단하다고 했다.

페인트값이 15만 원 들었다.

기술자들의 하루 인건비가 삼십만 원이란다.

아들이 하는 말,

"엄마가 고집을 부려서 시작했으니까 이렇게 깨끗하게 됐어요. 고생 많이 하셨어요."

찬 바람이 불어 서늘한 기운이 돌아 고추장도 막장도 옥상에다 담아 놓았다. 날씨가 싸늘해져서 화분들을 앞 베란다와 내 방 창문 밑 선반에 들여놓았다.

집들이

한 달 동안의 집수리도 끝나고, 며느리는 집들이를 한다고 손님 맞을 준비에 이틀을 꼬박 수고하여 준비했다.

이름을 다 외울 수 있을까?

해파리냉채, 월남보쌈, 과메기쌈, 꼬막, 굴, 잡채, 사라다, 소불고기, 돼지수육보쌈…. 준비를 많이 했는데 못된 코로나 때문에 손님들이 오지 않고 친정 식구들, 그것도 세 집만 왔다.

많이 차렸다며 맛있게 먹었다고 했다.

귤 한 상자씩 들려 보냈다.

며느리가 집 흉이나 안 잡혔으면 했는데, 소문에 의하면 돈 많이 들이고 잘해 놓았더란다.

음식을 너무 많이 해서 이 집 저 집 갖다주니 그것도 좋은 일이다.

창문 밑에 화분을 놓아두었더니 창문으로 햇빛이 들어와 환하게 비추니 사프란 잎이 파랗게 자라고 있었다.

카란코에도 꽃봉오리가 맺히고 왕꽃기린은 꽃대 하나가 나와 꽃 세 송이를 피워냈다.

앞에는 모자상 수석, 하얀 돌꽃, 산 모양을 한 바위산 앞을 바라보면 오른쪽부터 제주똥돼지, 앞에 돌하르방, 옆에 고대 벽화 무늬를 한 흰 돌. 그 옆에 물살을 거슬러 올라가는 연어 떼.

연어 떼 앞에는 연어를 잡아먹으려는 곰 한 마리.

그 옆에 보름달 속 계수나무, 계수나무 밑에 떡방아 찧는 토끼.

토끼 앞에는 조그마한 크루즈 배 한 척, 옆에 거북이.

상상해 보세요, 흐뭇합니다.

장독대

나는 날마다 장독대를 쳐다본다.

옹기종기 모여 줄지어 있는 장독들을 쳐다보면 볼수록 마음이 흐뭇하다.

그 속에 무엇이 담겨 있는지 열어 봐야 안다.

자기들의 나름대로 역할을 잘하고 있다.

하나하나 뚜껑을 열어 보면 그 속에 고추장, 막장, 간장, 된장들이 가득 들어 있다.

젊었을 때 어렵게 살아서 장을 못 담가 먹던 때가 있었다.

그때를 생각해서 해마다 장을 담아 묵혀 가며 먹는다.

막장은 강원도식인데 묵을수록 맛이 좋아진다.

나는 늘 장독 속에 장이 가득가득 있어야 맘이 편하다.

나는 요즘 고민이 생겼다.

빌라 업자가 빌라를 짓겠다고 옆집들을 샀기 때문이다.

빈 독도 많아 아마 15개가 되는 것 같다.

나의 손때 묻은 독들아, 너희들을 어디로 보내야 사랑받고 살 수 있을까?

독들이 버림받는 세상이 되었으니 내 항아리들의 역할은 때를 따라 오이지, 고추장아찌, 마늘장아찌, 절임 배추를 담고 있는 것이다.

절임 배추는 소금물에 절여 독 속에 넣어 두었다가 새콤새콤해지면 꺼내어 짠물을 뺀 다음, 잎은 감자를 쪄서 쌈을 싸 먹으면 일품이다.

줄기는 쪽쪽 찢어서 밥과 먹으면 입맛이 살아난다.

남동생도 좋아하고 딸들도 좋아한다.

이번에 담근 배추장아찌가 마지막이 될 수도 있겠구나 생각하니 쓸쓸해진다.

그중에 제일 큰 독 속엔 간수를 뺀 소금을 저장해 두었는데, 십 년은 되었다.

소금이 고슬고슬하고 단맛이 난다.

우리 집 옥상

옥상에서 저녁을 먹자며 온 식구들이 부산히 움직였다.

저녁 준비가 다 되었다고 옥상으로 올라오라고 했다.

돗자리도 깔고 숯불도 피워 고기를 굽고 있었다.

잘 구워진 고기를 담아 주어 맛있게 먹었다.

자리에 앉아 서쪽 하늘을 쳐다보니 저녁노을이 어찌나 아름다운지 한 폭의 그림 같았다.

노을을 감상하며 먹는 저녁은 꿀맛이었다.

사방을 내려다보니 풍경도 좋고 공기도 좋아 시 한 수를 짓고 싶은 마음이 들었다.

이 아름다운 저녁을 시로 담을 수 없는 내 실력이 안타까웠다.

팔십을 살다 보니 아들과 며느리 손자 손녀의 효도도 받고 기쁘고 즐거운 마음을 적어 본다.

생일

그 옛날 어릴 때가 그립다.

엄마가 생일날이면 하얀 쌀밥과 미역국을 끓여 주셨던.

그때 먹던 그 쌀밥은 어찌 그리 맛있었을까?

그 맛을 지금도 잊을 수가 없다.

세월은 흘러 흘러 어머니는 아니 계시니 그리움과 추억만 남네.

오늘은 내 78번째 생일.

남편과 생일이 같아서 남편의 생일을 준비하느라 나는 늘 뒷전이었지.

남편이 가고 처음 혼자 맞는 78번째 생일엔 자녀들과 외식을 하고 용돈도 받고….

거실에 있는 극락조가 고귀한 새 모양을 하고 활짝 피어 나의 생일을 축하해 주었다.

그리고 진짜 내 생일날 며느리가 잠도 안 자고 미역국을 끓이고 잡채와 여러 가지 전을 부쳐 생일상을 차려 놓고 출근하였다.

'며늘아, 참 고맙다. 맛있게 잘 먹었다.'

눈물

내 일과는 아침마다 손자 손녀를 깨워 학교에 보내는 것이다.

오늘따라 손자가 학교 가기 싫다고 "가지 말까?" 망설이기에 내가 말했다.

"야, 나는 학교에 그렇게 가고 싶었는데 할아버지가 가지 말라고 해서 못 갔는데, 그때 학교에 갔더라면 열심히 공부해서 지금처럼 살지는 않았을 거야. 할머니가 시를 좀 쓰려 하니 받침이 틀려 몇 번이고 고쳐. 그래도 열댓 편은 써 놓았다. 나중에 시간 나면 읽어 봐."

배우고 싶어도 배우지 못했다는 설움 때문에 눈물이 절로 나왔다. 손자가 내 눈물을 보고 군말 않고 "할머니, 갔다 올게." 하며 학교로 달려갔다.

아이들을 다 보내고 식탁에 앉았는데 눈물은 그칠 줄 모르고 흘러내렸다. 지나간 세월이 꿈만 같고 끝없이 흐르는 눈물을 금할 길 없어 한 시간은 운 것 같다.

요즘 내가 왜 이리 여려졌는가? 열여덟 소녀도 아닌데….

생각

　요즘 나는 생각이 많아졌다.

　지금까지 최선을 다하고 노력하며 살아온 나의 삶이 잘하고 있었나? 잘못 살고 있었나? 허송세월만 보낸 것이 아닌가?

　세상 떠나기 전에 힘들어도 참고 자식들에게 잘해 주려고 애를 썼건만, 내 생각과 자식들의 생각이 다른 것을 알게 되었다.

　손주들 키운다는 핑계로, 평생을 못난 남편 때문에 애끓이고 사느라 나는 한 번도 나를 위해 즐거운 시간을 보낸 적이 없다.

　이제는 손주들도 다 컸고 집안 걱정도 없는 것 같다.

　이 세상을 하직하기 전에 예행연습으로 집을 떠나 보려 한다.

　지금 가는 길은 돌아올 수 있는 길이지만 주님께로 가면 다시 돌아올 수 없는 길이기에 조금이라도 잘해 주고 싶었는데, 부질없는 짓인 것을 뒤늦게 깨달으니 참 한심하구나.

　내가 언제 떠날지 모르기에 최선을 다해 잘해 보려 애를 썼다.

　허리, 엉치, 어깨가 아파도 참으며 사는 날 동안은 잘해 보려고 애를 썼다.

아들, 며느리에게

나는 너희들의 좋은 엄마가 되려고 노력했었단다.

너희들이 식사하러 가자고 할 때도 따라가지 않은 것은 싫어서가 아니고 너희 가족끼리, 네 식구가 즐겁게 먹고 오라고 혹시 내가 방해가 되지 않을까 해서 일부러 따라가지 않을 때가 많았단다. 집에서 요리를 시켜 먹을 때도 될 수 있으면 너희끼리 재미있게 먹으라고 방에 들어오곤 했다.

며느리가 반찬을 만들고 밥상을 차릴 때도 내가 방에 들어오는 것은 너희들이 재미있게 오순도순 이야기하라고 피하는 것이었단다. 혹여라도 내가 너희들을 불편하게 할까 봐 그랬다.

내가 시집살이를 힘들게 했기 때문에 며느리에게는 시집살이를 시키지 않으려고 많이 노력했었다. 그렇지만 부족한 일이 많았을 거라고 생각한다. 서운한 것이 있다면 나를 용서해 다오.

나는 너희 부부가 건강하게 오래오래 행복하게 살았으면 좋겠다. 다른 사람들은 손주 키워야 소용없다고 해도 나는 내 생각이 옳다고 생각했기 때문에 살림을 하며 손자 손녀를 키웠는데 보람이 있다고 생각한다.

다 컸어도 손자가 나갈 때는 "갔다 올게" 들어와서는 "나 왔어" 이 소리를 들을 때 얼마나 기쁜지!

손녀도 이번에 광주에 갔다 왔더니 목을 끌어안고 깡충깡충 뛰며 "많이 많이 보고 싶었어" 한다.

이렇게 손자 손녀를 키운 보람이 있는데 어찌 행복하지 않으랴.

돌아올 집이 있다는 게 자식들이 있다는 게 감사한 일이다.

내가 언제 너희들을 떠나갈지 모르지만 사는 날 동안 잘해 보도록 노력하마. 헤어지는 날까지 재미있게 살아 보자.

못난 엄마가 아들에게

너와 영원히 살 수 있다면 얼마나 좋을까?

생각하고 또 생각한 끝에 결정을 내린 거야.

너는 지금부터 홀로서기를 배워야 해.

엄마를 많이 의지하고 살았잖아.

엄마가 없어도 강하게 살아야 해.

너를 강하게 하려면 이렇게 할 수밖에 없다.

이삼 년 함께 살다가 내가 가고 나면 남겨진 네가 얼마나 힘들까? 미리 헤어져 살면 정이 떨어져 덜 슬프지 않을까?

나의 말이 너의 가슴을 터지게 하고 기막히게 했겠지만 너를 강하게 만들려면 이 길밖에 없는 것 같았다. 나 또한 가슴이 터질 것 같고 마음이 아프지만 너를 살리기 위해 이를 악물고 참는다.

내 분신과 같은 아들아!

어쩌다 너와 나 사이가 이렇게 되었을까?

너 하나 믿고 살아왔던 내가 이렇게 할 수밖에 없나?

내 목숨을 너에게 줄 수 있다면 줄 거야.

내 마음을 너에게 전하려니 눈물이 앞을 가려 쓸 수가 없구나.

나는 복이 많은 줄 알았더니 박복한 여자로구나.

사랑하는 내 아들아!

못난 엄마를 원망하며 굳세게, 강하게 살아 다오.

이번 일 때문에 네 건강을 해칠까 많이 걱정된다.

병 주고 약 준다고 하겠지만 속상하다고 술을 많이 마시고 병이 들까 봐 걱정이 된다.

 술은 아무 도움이 안 된다.

 몸 잘 챙기고 건강하게 오래오래 살다가 천국에서 만나자.

애달픔

올해는 유난히도 더운 것 같다
마음이 답답해서 더 더운 것 아닐까?

'덥다' 했던 것이 엊그제 같은데 벌써
'춥다' 소리가 나오네
마음이 추운 것은 아니겠지?

또 한 해가 저물어 가고 있네
그리움이랄까?
외로움이랄까?
덧없는 인생을 원망해 본다

외로움이란 걸 전혀 몰랐던 내가
지금은 쓸쓸하게 느껴지는구나
나도 언제 갈지 모르기에
갈 날을 알 수 있다면 좋을 것을
그래도 내가 있어야
아들과 딸들이 힘을 얻고 살 수 있지 않을까?
나마저 떠나가고 없으면
아들과 딸들이 얼마나 슬퍼할까?

생각만 해도 마음이 아린다

아, 아 애달파라

어이 하리

소리 없이 눈물이 저절로 흘러내리는구나

5. 여행 수첩

형제와 함께한 여행

막내 여동생 내외가 바람 쐬러 가자고 해서 오빠 내외와 나는 강원도 고성으로 향했다.

울산 바위를 바라보니 참으로 신비로웠다.

고성 청간정이란 정자에 올라 넘실거리는 강물을 바라보며 유유자적 헤엄치고 있을 물고기를 떠올렸다.

돌아오는 길에 왕곡 마을에 들러 송지호란 큰 호수를 보고 해양박물관에 들어갔다.

신비롭게 생긴 조개가 많았다.

늦은 점심으로 해물탕을 먹고 바닷가 부두에 올라 등대를 바라보며 걸었다.

방파제에는 낚시꾼들이 낚시를 하고 있었다.

항구 쪽을 향해 돌아 나오면서 밑을 내려가 보니, 옛날에 엄마가 삶아 주던 고양섭이 따닥따닥 까맣게 붙어 있었다.

항에 들어 문어와 멍게를 사고 저녁은 비싼 전복죽을 회와 함께 먹고 숙소에 왔다.

짐을 풀고 문어를 삶고 멍게를 먹었다.

숙소가 5층이라 밖을 내다보니 파도가 넘실거리는 바다가 보였다.

새벽에 일어나 바다를 보니 고깃배들의 불빛으로 장관을 이루고 있었다.

저 많은 배들은 무슨 고기를 잡고 있을까 궁금했다.

아침에 숙소를 나와 소머리 곰탕을 맛있게 먹었다.

제부가 영감을 만난 추억이 있는 곳에 가자고 했다.

철암을 향해 가는데 옛날에는 기차를 타고 지나가던 곳이다.

미로, 도계, 신기, 나흥정, 통리, 철암에 도착했다.

오빠는 먼저 역 앞에 사 두었던 건물을 찾기 시작했다.

그곳은 탄광역사박물관이 되어 있었다.

오빠는 건물을 사 놓고 하룻밤도 자 보지도 못하고 빼앗겼다며 한숨을 쉬었다. 아쉬움만 남았다.

나는 내가 건너다니던 다리를 향해 달려갔다.

영감이 다리에 걸터앉아 있다가 나를 보면 만나자고 조르던 그 다리는 사라지고 흔적만 남아 있었다.

하기야, 50년 만에 찾아갔으니 변할 수밖에.

태풍 매미가 지나갈 때 그 동네를 쓸어버리고 갔단다.

2005년도에 새로 만들어 놓은 다리를 건너가서 옛날 오빠와 동생이 함께 살던 곳 광신 한의원 자리를 찾아갔다.

집터는 길이 되었고 뒤에는 정자가 지어져 있었다.

오빠와 동생이 과거를 돌아보며 아쉬워했다.

영감네 집터도 간 곳이 없다.

서울로 오는 길에 황지에서 화독에다 연탄불을 피워 구워 먹는 한우집에서 점심을 먹었는데 정말 맛있었다.

사북을 지나 무릉을 지나는데 이곳은 내가 잊을 수 없는 곳이다.

산에 가서 나무도 했고 굶기도 많이 한 곳이다.

그리고 아들을 묻은 곳이다.

천추의 한이 있는 곳이다.

서울에 들어서자 차가 밀리기 시작했다.

주책없이 너무 많이 먹어서 소변을 참을 수 없었다.

애를 태우는 내 모습을 보며 동행한 사람들이 다 걱정을 했다.

다행히 길가에 세워 둔 트럭이 있어 그 앞에다 차를 세우고 트럭 뒤에

서 실례를 했다.

이 일만 아니었으면 참 좋은 여행이었을 것이다.

여행 경비는 오빠네와 동생네가 많이 썼다.

나는 입만 가지고 다니며 잘 먹고 많은 구경을 했다.

참 고맙고 감사하다.

행복했던 날

    딸들에게 말했지, 죽기 전에 너희들과 여행 가는 것이 소원이라고. 그 말을 들은 둘째 딸이 안면도 천리포 수목원을 보러 가자며 근처 호텔을 예약했다.

    며느리가 아들도 같이 가라고 해서 아들도 함께 1박 2일 여행을 가기로 했다.

    나는 어린아이가 소풍을 가는 것처럼 기뻤다.

    둘째 딸은 사정이 생겨 못 가고 큰딸과 막내딸, 아들, 나 이렇게 넷이 여행을 떠났다.

    아들은 편히 누워 가라고 의자를 움직여 침대처럼 만들어 주었다.

    차를 타고 내릴 때 신발을 신겨 주고 벗겨 주었다.

    영감한테 받아 보지 못했던 사랑을 아들한테 받으니 흐뭇했다.

    안면도에 도착해 천리포 해수욕장에서 사진을 찍고 점심을 먹었다.

    그리고 수목원으로 향했다.

    사면이 바다로 둘러싸인 수목원을 보면서 이런 곳도 있었나 싶었다. 이곳에 반해서 식물들과 나무들을 심고 가꾸었다는 외국 사람의 마음이 이해되었다.

    갖가지 열매를 맺는 나무들, 희귀한 식물들….

    처음 보는 것들이 많았다.

    아들은 경치 좋은 곳에 우리들을 세워 놓고 사진을 찍어 주었다.

    셀카로 아들도 함께 사진을 찍으니 더 좋았다.

    넓은 바다를 보니 속이 시원했다.

    저녁으로 갑오징어찜을 먹고 숙소로 돌아왔다.

숙소에서 아들, 딸들과 함께 고스톱을 치며 즐겁게 마무리했다.

다음 날 아침, 꽃지 해수욕장에 갔다.

바다에 나간 할아버지를 기다리는 할머니가 바위가 되었다는 전설이 있는 바위를 배경 삼아 사진을 찍었다.

등대에 올라가 아들과 딸과 함께 사진을 찍고 해수욕장을 한 바퀴 돌았다.

꽃게탕 집에서 아침을 먹고 돌아오는 길에 젓갈을 샀다.

그렇게 짧지만 행복한 여행을 마무리하며 안면도를 떠났다.

둘째 사위가 있는 병원에 들러 집으로 왔다.

내 평생에 아들, 딸들과 함께한 행복한 여행이었다.

채석장

둘째 사위가 작업을 하다가 손가락이 잘렸다는 연락을 받았다.

마침 개천절이라 아들과 며느리, 큰딸과 함께 병원에 갔다.

둘째 사위는 다쳐서 누워 있는 모습을 보여 미안해하며 둘째 딸에게 말했다.

"어머니 모시고 모내기 가서 점심 먹고 채석장 구경시켜 드려."

모내기는 식당 이름이었다.

우리는 점심을 먹고 채석장에 갔다.

모노레일을 타고 정상까지 올라갔다.

정상에서 보니 화강석이란 돌산 하나를 다 파낸 것 같았다.

파낸 돌들은 어디에 썼을까?

마주 보이는 높은 산꼭대기에서 물이 흘러내리고 왼쪽은 바위만 있는 절벽이었다. 그 밑에는 호수를 만들어 붕어 떼와 송사리 떼가 줄을 지어 놀고 있었다.

산 중턱을 돌아 나가니 거기에는 조각공원을 만들어 놓았다.

여러 가지 모양에 큰 바위로 남근도 만들어서 웃음을 자아냈다.

더 올라가니 찻집도 있었다.

비싼 차도 마시고 내려가니 호수 뒤편이었다.

그곳은 경치가 더 좋았다.

아름다운 경치를 배경으로 사진을 찍었다.

아들, 며느리와 사진을 찍은 건 처음이었다.

돌아오는 길에 아들의 재킷을 사려고 이마트에 들렀다.
아들이 결혼한 후 한 번도 옷을 사 준 적이 없어서 내가 사 주었다.

딸들과는 자주 다녔지만 아들과 며느리와는 첫 나들이여서 좋았다.
오늘은 참 기쁜 날이었다.

내장산

둘째 사위가 내장산 단풍 구경을 가자고 해서 큰딸도 함께 여행을 갔다.

금요일에 출발하여 대하 축제가 한창이란 정읍으로 갔다.

식당도 만석이었고 숙소도 구하기가 어려웠다.

둘째 사위가 발품을 팔아 배나 비싼 가격으로 방을 구했다.

이튿날 아침 일찍 내장산으로 올랐다.

관광객은 다 이곳에 모인 것 같았다.

주차장도 꽉 찼다.

코로나를 겁내는 사람들이 하나도 없는 것 같았다.

케이블카를 타려는 사람들의 줄이 꽉 막힌 도로 위 자동차 같았다. 한참을 기다려 케이블카를 타고 정상으로 올라가며 아래를 내려다보았다.

정상에 도착해 보니 옛날에 없었던 음식점들이 곳곳에 생겨 사람들이 테이블과 의자에서 음식을 먹고 있었다.

우리도 그곳에 자리를 잡고 음식을 먹었다.

동동주와 해물파전이 잘 어울려 맛이 좋았다.

정자가 있는 곳으로 가는데 길이 아주 힘했다.

정자에서 사방을 구경했다.

둘째 사위가 사진을 많이 찍어 주었다.

그리고 내가 넘어질까 봐 내 팔을 꼭 잡아 주었다.

다정하고 따뜻한 둘째 사위이다.

우리는 케이블카를 타고 내려와 바다를 구경하려고 출발했다.

새만금을 지나 변산반도에 도착했다.

'바다에 어떻게 다리를 놓았을까?'

좌우로 바닷물을 두고 길을 뻗고 있는 장자교를 보며 놀라웠다.

이곳에는 섬이 많다.

첫째 섬이 무녀도이다.

무당이 춤을 추는 것 같다고 하여 붙여진 이름이다.

둘째 섬은 선유도, 셋째 섬이 우리의 목적지인 장자도이다.

섬으로 올라가니 음식점 앞에 사람들이 짝을 지어 여기저기 앉아 있었다.

낙조를 보려고 기다리는 것이었다.

우린 조금 더 높은 곳으로 올라갔다.

가지마다 조명 줄을 달아 놓은 인조 나무가 서 있었다.

장자도 뒤에는 조그마한 바위섬이 있다.

바위섬에 혼자 우두커니 서 있는 바위가 할매 바위란다.

남편이 과거에 급제하고 돌아오기를 기도하고 있다가 남편이 온다는 소식에 마중 나와 기다리고 있었다.

남편이 하얀 보따리를 안고 있는 것을 보고 아내는 여자를 안고 오는 것으로 오해를 해 치맛자락을 휙 두르며 돌아섰는데 돌이 되었다고 한다.

정말 치마를 휙 두른 할머니 모습이었다.

나는 해가 떨어지기 전에 나가자고 했다.

장자도를 떠나오면서 낙조를 보았다.

우리는 한쪽에 차를 세워 놓고 갈대밭 속에서 해가 바닷속으로 들어가는 모습을 보았다.

이런 모습은 처음이었다.

그 모습이 너무 아름다워 감탄사를 연발하며 사진을 찍었다.

채석강으로 가는 길에 사방을 볼 수 있는 등대 같은 전망대가 있다고 해서 갔는데 공사 중이었다. 아쉬움만 남기고 채석강으로 갔다.

밀물 때라 물이 들어와 볼 수 없어서 내일 보기로 하고 저녁을 먹으러 갔다.

백합조개탕이 유명하다고 해서 가장 유명한 식당으로 들어갔다.

이 식당만 사람들이 많았고 옆집들은 조용했다.

우리는 식사를 주문하고 숙소를 정하려고 했다.

토요일이라 쉽지 않다고 했다.

둘째 사위가 방을 구하겠다고 나갔다가 한참이 지나서 돌아왔다.

현금을 주고 겨우 방을 구했다고 한다.

사위의 능력에 감사하며 백합 조개탕과 생선구이로 식사를 했다.

밖으로 나와 보니 불꽃놀이가 한창이었다.

불꽃놀이를 구경하고 숙소로 향했다.

다음 날 아침 채석강으로 갔다.

썰물 때라서 물이 많이 빠져 있었다.

채석강 전체가 드러나 절경이었다.

20년 전에 보았던 것과 많이 달라져 있었다.

바위들이 물에 깎여 새로운 모습을 하고 있었다.

그 모습을 카메라에 담으며 감탄했다.

떨어진 작은 돌들이 물살에 달아서 색깔이 곱고 모양이 예뻐 몇 개 주워 왔다.

둘째 사위가 죽도 상화원을 구경시켜 준다고 해서 그곳을 출발했다. 이 섬은 개인 소유라고 한다.

섬 중간에 터를 닦아 오래된 고가들을 사서 이곳에 그대로 지었다고 한다.

섬 주변으로 도랑을 만들어 놓았는데 더러 물이 있는 곳도 있고 산 둘레를 나무로 계단을 만들어 걷기에 좋았다.

한 바퀴 돌아 나오는 곳에 분재도 있고 찔레장미꽃, 해당화가 여러 포기가 있어 보기에 좋았다. 사면이 바다라 경치가 좋았다.

이번 여행은 둘째 사위 덕분에 처음 가 본 곳도 많고 여러 곳을 구경해 참 즐겁고 좋았다.

합천

둘째 딸의 작은아들이 합천에서 군 복무를 하고 있다.

면회를 가려고 큰딸과 버스를 타고 의정부에서 둘째 딸과 손녀딸을 만났다.

둘째 딸이 운전을 하는 차를 타고 합천으로 향했다.

합천에서 손자를 만나 점심을 먹었다.

합천에 테마파크가 있다고 구경하자고 해서 갔다.

드라마에서 보던 옛날 모습 그대로 재현한 세트장을 보니 감회가 깊었다.

다음 이동지로 가려고 차 문을 여는 순간 옆에 주차된 차에 살짝 부딪쳤다.

젊은 여자가 나와서 산 지 3개월밖에 안 됐다며 악을 썼다.

자세히 보니 눈곱만한 상처가 났다.

비엠더블유란 비싼 차란다.

보험 처리하기로 했지만 속이 상했다.

주의할 걸 후회했다.

저녁을 먹으려 해도 입맛이 떨어지고 사우나 가자고 하는데도 싫다고 하고 혼자 있었다.

둘째 사위가 전화를 했다.

"걱정하지 마이소. 그래서 보험이 있는 게 아닙니꺼. 탁 털어 버리고 재미있게 놀다 천천히 오이소."

사위의 전화에 기분이 풀어졌다.

숙소에서 짐을 풀고 잤다.

아침 식사는 산채 정식을 먹었다.

반찬이 스물다섯 가지가 나왔다.

맛있게 먹고 세계문화유산이라는 팔만대장경을 보았다.

곳곳을 구경하고 점심으로 한우를 먹었다.

입에서 살살 녹는 것이 맛있었다.

손자를 부대로 보내고 돌아왔다.

둘째 딸이 운전하느라 고생했지만 즐거운 여행이었다.

봄이 준 기쁨

나오미 회원들과 일일 나들이를 가려는데 장소가 정해지지 않아 걱정을 하고 있었다.

그런 나를 보고 큰딸이 장소를 물색하고 둘째 딸이 운전을 해서 답사를 갔다. 제이드 가든이란 곳이었다.

이곳저곳 돌아보니 볼거리도 많고 경치도 좋았다.

둘째 딸은 나를 위해 경치가 좋은 곳다다 차를 세우고 사진을 찍어 주었다.

식당도 알아볼 겸 점심을 먹고 돌아오는 길에 프랑스 마을과 문가가 살았다는 궁궐도 보았다.

흐르는 한강을 보니 속이 시원해졌다.

나오미 회원들의 동의로 제이드가든으로 출발했다.

도착해 예배를 드리고 이곳저곳을 구경했다.

나오미 회원들 모두 다 좋아했다.

점심을 먹고 시간이 남아 기사님께 부탁을 드렸다.

기사님의 배려로 두물머리까지 관광을 할 수 있었다.

저녁으로 갈비탕을 한 그릇씩 포장해서 회원들에게 나누어 주었다.

나오미 회원들과 즐겁게 나들이를 할 수 있었던 건 하나님의 은혜이다. 그리고 함께해 준 두 딸에게 감사한다.

우이동

산 좋고, 물 좋고, 공기 좋은 우이동.

사연도 많은 산속 깊은 곳.

계곡마다, 골짜기마다 일제에 빼앗긴 나라를 도로 찾으려고 목숨을 건 독립투사들의 묘역이 여러 곳에 자리하고 있다.

일일이 열거할 수 없다.

나라를 바로잡아 보겠다고 젊은 청춘을 다 바친 수천수만 명의 영혼들을 모아둔 419탑.

우리나라 국민이라면 419탑을 모르는 사람은 한 사람도 없을 것이다.

계곡을 따라 조금 올라가니 골목 담에다 어느 시인이 썼다는 시가 쭉 붙여져 있다.

나도 저렇게 좋은 글을 쓸 수 있다면 얼마나 좋을까? 부럽다.

조금 더 올라가니 물이 졸졸졸 소리를 내며 흐르는 개천이 있고 담벼락에 기대어 자라난 살구나무가 보인다.

살구가 주렁주렁 많이 열려 주인이 가지가 부러질까 봐 가지마다 줄을 매어 이쪽에도 저쪽에도 매달아 놓았다.

누렇게 익은 살구가 탐스럽게 보인다.

살구나무 주인이 찻집을 하나 보다.

개천 쪽으로 탁자들을 놓아 여자들이 차를 마시며 개울물 소리도 듣고 살구도 보며 환담을 나누고 있다.

지나가는 사람마다 환호하며 사진을 찍고 있다.

나도 그 풍경이 너무 좋아 사진을 한 장 찍었다.

서울에서는 보기 드문 풍경이었다.

산정호수

아름답고 멋있었던 산정호수가 그대로인 줄 알고 갔더니 실망했다.

물살을 가르며 달리던 보트는 보이지 않고 그저 몇 개의 발로 저으며 물놀이하는 놀이기구가 있었다.

옛날 모습이 변했다.

관광객을 위하여 둘레길을 만들어 놓아 한 바퀴 돌기는 했지만, 가뭄 때문일까? 인간이 자연을 훼손해서일까? 강은 목이 마르다고 혓바닥을 내민 것처럼 바닥이 드러나고 물이 많이 줄어 호수란 느낌이 들지 않았다.

김일성 별장이 있었다는 곳은 주춧돌만 남아 있었다.

감동은 사라지고 세월이 많이 흘러갔구나.

쓸쓸하게 돌아오는 길에 김 서방이 이동 갈비를 사 준다고 해서 갔는데, 그곳도 옛 모습들이 사라지고 다른 곳 같았다.

갈빗값도 예전과 달라 많이 비싸졌다.

김 서방 덕에 갈비도 잘 먹고, 비가 온다고 집에까지 데려다주고 갔다.

복을 빌었다.

궁궐

큰딸과 막내딸, 나 이렇게 셋이 궁궐 구경을 다녀왔다.

창덕궁 비원은 예약을 해야만 볼 수 있단다.

막내딸이 예약을 해서 가이드를 숨이 차도록 따라다녔다.

비원에 대한 옛이야기를 들으며 이방자 여사가 살았다는 곳도 보고 덕수궁 돌담길도 걸었다.

경희궁 앞에서 가이드의 설명을 들으며 마음이 아팠다.

궁궐 안은 부귀영화만 있는 곳인 줄 알았는데 그곳에서의 삶은 아름답지만은 않았다.

역사의 길이만큼 다양한 삶의 모양들이 구름처럼 흘러흘러갔다.

그렇게 긴 세월은 흘러갔지만 궁궐 뒤에 남아 있는 큰 바위와 그 바위 밑으로 동굴처럼 파여 샘이 만들어지고, 그 샘물이 흐르면서 옛 흔적을 이야기하는 듯했다.

궁궐 밖 몇천 년을 살아온 듯한 느티나무를 보았다.

속은 텅 비어 껍질만 남아 있었지만 뿌리 깊은 나무는 잎을 피워내고 있었다.

마치 역사의 아픔을 보고 속이 다 썩어 없어진 듯했다.

딸들과 이런 시간을 보내게 해 주신 하나님께 감사드린다.

창경궁

큰딸, 막내딸과 함께 창경궁에 갔다.

궁궐은 초라했다.

화려했던 옛 모습은 간 곳 없고 임금이 앉아 있던 보좌도….

마음이 아팠다.

이곳에 아들이 3살 때 왔었다. 그 후 45년이 지난 지금의 창경궁은 세월을 그대로 받고 있었나 보다.

후원 연못은 그대로 있지만 공주들의 집을 지어 주었다는 곳은 일제 강점기에 헐리고 놀이공원, 동물원, 식물원이 되었다.

그 후 서울대공원으로 옮겨졌다.

지금은 나무들만이 그 자리에 서 있다.

연못 가운데 작은 동산에 황새 한 마리가 늘어진 소나무 가지에 앉아 누구를 기다리는 듯하다.

새로 지은 식물원에는 35년 만에 돌아왔다는 소철이 있고 백송도 세 그루 있다.

삼청동 수제비집에서 감자전과 수제비를 먹고 북촌을 구경했다.

어느 카페에서 큰딸과 막내딸이 서로 돈을 내겠다고 하다가 가위 바위 보를 했다.

가위바위보에서 이긴 큰딸이 냈다.

막내딸 집에 들러 작약 화분을 가지고 기쁘게 집으로 왔다.

아들과 며느리가 새집에 정들이지 말라고 한다. 2년 후에 이사 갈 거라고.

경희궁

　임진왜란 후 소실되었던 경복궁을 광해군이 재건했다.

　정원군이 살고 있던 집터 뒤에 반석 위에도 바위가 있는데 그 밑으로 샘이 흘러내리니 그곳이 왕의 정기가 있다 하여 광해군이 그곳에다 경희궁을 지었다.

　광해군은 그곳에서 살지 못했다.

　무리한 부역 때문에 반란이 일어나 쫓겨났다.

　뒤주 안에서 죽임을 당한 사도세자의 아들 정조가 경희궁에서 즉위식을 했다.

　일제강점기 때 일본이 넓은 궁궐들을 다 파손하여 없어졌다.

　경희궁만 초라하게 남아 있다.

　뒤뜰에 가 보니 반석 위에 바위가 있어 바위 밑으로 샘이 흐르는데 신비로웠다.

　샘이 졸졸졸 옛날이야기를 속삭이며 흐르고 있었다.

　궁궐 밖으로 나와 보니 거기에 느티나무가 한 그루 서 있는데, 몇천 년을 살았는지 둘레가 엄청 넓고 큰데 속은 텅 비어 있었다.

　그래도 겉 부분이 살아 있어 가지와 잎을 피우고 있다.

　수많은 역사의 아픔을 보느라고 속이 다 썩어 문드러졌나 보다.

　나는 궁궐 안의 생활은 부귀영화만 있는 줄 알았었다.

　해설사가 경희궁의 아팠던 역사 이야기를 들려주었다.

　듣는 내 마음도 애잔해졌다.

박물관

딸들과 경복궁 앞에 있는 역사박물관에 갔다.

관람하면서 힘들고 어려웠던 옛날을 회상하며 많은 생각들을 하게 되었다.

암울했던 그날들을 어떻게 견뎌냈을까?

다시는 그런 날들이 없었으면 좋으련만, 지금 상황도 그리 좋은 것은 아니다. 우리 후세들은 행복한 삶을 살았으면 좋겠다.

지금 내가 행복한 것은 딸들이 있어서이다.

내가 외롭다고 했다는 말을 듣고 시간도 돈도 아끼지 않고 쓰고 있다.

좋은 곳을 찾아 나를 데리고 가서 구경시켜 주고 맛있는 것도, 추억을 남긴다고 사진도 찍어 준다.

나처럼 행복한 엄마들이 얼마나 있을까?

마음과 정성을 다 쏟는 나의 딸들이 진정 효녀 아니겠는가?

그 행함을 너희들의 자녀들도 하기를 소망한다.

12일의 체험담

혼자서 집을 떠나 차를 타고 어디로 가 본 적이 없다.

아들이 아니면 사위, 딸들이 자가용으로 데리고 다녀서 혼자 용기를 내어 시내버스를 타고 용산역으로 갔다.

기사분이 친절하게 가르쳐 주어 용산역을 향해 갔다.

에스컬레이터를 타고 올라가 안내에게 물었다.

용산서 광주 송정역에 가는 케이티엑스 표는 어디에서 사는지 물었다. 자세히 가르쳐 주어서 표를 끊고 기다렸다.

시간이 되어 차를 타러 가는데, 송정역 가는 사람들이 있어서 함께 열차를 탔다.

열차에 타서 동생에게 전화해서 도착시간을 알려 주었다.

잠시 후 동생이 전화해서 둘째 사위가 마중을 가니 통화를 하고 만나서 오라고 했다. 조카사위가 전화로 몇 호차냐고 물어서 8호차에 있다고 알려 주었더니 8호차 앞에 마중 나와 있었다. 조카사위는 담양에서 나와 동생에게 점심을 사 주고 동생네 집까지 데려다주고 갔다.

그날부터 동생이 논에 피를 베러 간다고 해서 따라갔다.

벼보다 피가 더 커서 위로 자르기만 하면 되는 줄 알았다. 논골에 잡초들이 무성하게 자라 피와 잡초를 한꺼번에 베어야 한다.

논에 물기가 있어서 장화를 신었는데 논바닥이 질어 장화가 빠져나오지 않아 논에 자빠졌다. 벼를 잡고 일어나 풀을 베어 모아 조그맣게 단을 묶어 논두렁 쪽으로 던지기를 수없이 했다.

어두워질 무렵 논둑으로 나오면서 던져 놓은 풀단들을 논둑에다 여러 곳에 모아 놓고 한 아름 안고 도롯가로 나와 길가에 버렸다. 집에 와서 왜 풀이 많은지 동생에게 물으니 친환경이라 농약을 치지 않아 그렇다고 했다.

다음 날 아침 7시에 일어나 논에 안 가냐고 물었더니 아침에는 이슬이 많아 논에 못 들어간다고 했다.

마당을 보니 화단이 크게 있는데 서른 개가 넘는 화분들이 여기저기 늘어 놓여 있었다. 동생도 나처럼 꽃을 좋아해 많은 꽃들을 화분에 심어 놓긴 했지만 농사일이 너무 많아 돌볼 시간이 없어 바랭이풀이 화분을 장악하고 있었다.

나는 통나무 의자를 마당 한쪽에 갖다 놓고 화분들을 끌어다 눕혀 망치로 쳐서 통을 빼냈다. 바랭이 뿌리가 흙을 감싸고 있어 망치로 두들겨 패서 풀을 추려내고 흙은 다시 통에 담아 꽃 뿌리들을 찾아 화분에 심어 분갈이를 했다.

아침마다 나흘 동안 화분 작업을 했다. 그중에 선인장 화분이 하나 있는데, 손바닥같이 생긴 것이 자라서 여기저기 떨어져 있어 다른 화분에다 심어 주었다. 선인장을 심다가 손바닥에 가시가 박혀 고생을 했다. 작은 화분을 열 개나 넘게 버렸다. 화분을 화단 옆으로 줄지어 모아 놓았다.

그리고 논으로 갔다.

사흘째 풀베기를 하는데 머리가 아파서 길에 조금 앉아 있다가 다시 논에 들어갔다. 갑자기 바람이 휘몰아치는 것같이 피와 벼가 파도처럼 이리저리 출렁이는데 멀미가 나는 것처럼 어지럽고 속이 울렁거려 논 가운데서 한참 구토를 했다.

이러다가 무슨 일이 일어날 것 같아, '주여! 도와주소서. 악의 세력을 물리쳐 주소서, 오늘 이 이를 끝내야 하는데 도와주소서.'라고 기도를 하고 나니 잠잠해졌다.

어둡도록 피를 베고 간신히 도로변으로 나와 한참을 주저앉아 있었다. 힘을 내서 집으로 돌아와 사도신경과 찬송을 몇 장 부르고 말씀을 보고 기도를 시작했다.

동생네 집에 온 지 사흘이 되도록 기도를 하지 않았다.

혼이 나고서야 예배를 드리고 기도를 하며 주님이 잡아 주시고 성령을 부어 주셔서 힘을 얻고 있는데 동생이 들어왔다.

동생은 교회는 다니지만 기도 생활을 못 해 눌려 살고 있었다.

동생을 붙잡고 한참 기도를 해 눌린 것을 다 뽑아내고 나니 동생은 마음이 편안해지고 머리도 맑아지고 눈에 푸른 물이 찰랑찰랑하는 것이 보였다며 기쁘고 감사하다고 했다.

나흘째 되던 날은 고추밭에 갔다.

동생은 붉은 고추를 따고 나는 내가 가져갈 끝고추를 땄다.

사흘 동안 고추 따는 일을 했다.

고추가 마무리되자 동생은 토란대를 베러 간다고 했다.

구루마를 끌고 밭으로 가는 동생을 따라갔다.

동생은 밭 가에 쌓아 둔 거름 세 포대를 구루마에 싣고 토란대를 베어

입은 잘라 버리고 토란대를 구루마에 싣고 가기에 집으로 가는 줄 알았
다. 그런데 동생은 또 다른 밭에 있는 토란대를 베고 잎은 잘라 버리고
구루마에 한가득 실었다.

구루마를 끌고 집에 와 마당에다 내려놓았다.

우리는 토란대를 한 뼘만큼 잘라 껍질을 벗기고 칼로 잘게 쪼개어 하우
스 안에다 말리기 위해 여러 번 갖다 널었다.

날이 어두워질 때까지 계속했다.

다음 날 아침에는 마늘을 심으려고 마늘밭에 갔다.

검은 비닐에 구멍이 여러 개가 뚫려 있는데 호미로 구멍에 흙을 파고
마늘을 넣고 흙을 덮는다. 처음 해 보는 일이어서 동생이 마늘을 다 심을
동안 나는 다섯 줄도 못 했다.

동생은 마늘을 다 심고 옆에 있는 땅콩밭을 마늘밭으로 만들어야 한다
며 곡괭이로 땅콩을 팠다. 알맹이가 하나도 없었다.

왜 이렇게 되었는지 물어보니 산짐승이 와서 다 파먹어서 그렇다고 했다.

땅콩과 풀을 다 뽑으니 다섯 무더기가 나왔다. 동생은 풀을 밭 가에 갖
다 버렸는데 그러면서 차고 있던 시계를 잃어버렸다.

동생은 풀을 뽑아낸 두 고랑을 곡괭이로 찍어 밭을 만들고 허리에다가
거름 포대를 지고 갔다. 마늘밭에 거름을 뿌리고 비료를 치고, 연장을 가
지고 밭에다 고루 섞어 놓고 검은 비닐을 가져다 마늘밭에 덮어 두었다.
며칠 후 마늘을 심으면 된다고 했다.

나는 동생이 하는 것을 보고만 있었다.

날이 어두워지기 시작했는데 동생은 고추를 건조기에 넣어 말려야 한다고 고추를 씻어 건져 소쿠리에 담았다.

길이가 1미터는 되는 것 같았다.

자식들 준다고 풋고추를 씻어 밀가루에 묻혀 솥에다 쪄내기를 몇 번, 붉은 고추가 스물두 개, 밀가루 묻힌 것이 두 개, 내가 가져올 끝고추가 두 개, 도합 스물여섯 소쿠리를 동생 혼자 들어다 건조기에 넣고 스위치를 틀고 오는데 나는 동생이 하는 것을 감탄하면서 바라보고만 있었다.

이틀이면 다 마른다고 했다.

동생은 자식들 준다며 매일, 아침마다 집 앞에 있는 은행나무 밑에 가서 은행을 주워 집에 갖다 놓은 다음, 밤나무 밑에 가서 밤을 주워 온다.

동생이 바랭이풀을 뽑고 쪽파를 심어야 한다기에 따라갔다.

풀이 무성하여 팥밭인지 콩밭인지 구분이 안 되었다.

낫으로 풀뿌리를 베고 뽑으면 쉽다며 낫을 주기에 했더니 정말 쉬웠다.

팥밭부터 작업을 시작해서 팥밭을 찾아 놓고 콩밭을 제대로 해 놓고 쪽파를 심을 밭을 만들기 위해 바랭이풀을 뽑았다.

바랭이풀이 얼마나 많은지 밭골에다 산더미처럼 길게 쌓았다.

동생은 풀이 마르면 밭 가운데에서 태운다고 했다.

나는 집에 오기 전날까지 풀을 뽑았다. 더 도와주고 싶었지만 나도 일을 나가야 해서 올 수밖에 없었다.

이런 생각을 했다. 내가 만약에 자식이 없어 동생 집에 얹혀산다면 얼마나 처량할까?

자식이 있다는 게 이렇게 좋고 당당하구나.

집에 온다는 것이 참 좋구나.

동생의 둘째 사위가 미리 예매를 해 문자로 예매표를 보내 주었는데, 나는 그것도 모르고 표를 왜 안 주냐고 물었다.

조카딸이 문자로 보냈다고 확인해 보라고 했다.

참 좋은 세상이라고 생각했다.

서울 오는 날 동생과 조카 부부가 송정역에 와서 열차를 타는 곳까지 안내해 주어 참 고마웠다.

열차를 타고 오는데 용산역 가까이 오니 비가 오기 시작했다.

큰딸이 마중 나오기로 했지만 비가 오니 캐리어를 끌고 버스를 탈 생각에 걱정이 되었다.

도착하여 캐리어를 들고 내리려 하는데 '짠' 하며 막내딸과 큰딸이 나타났다. 얼마나 반가운지 양팔에 꼬옥 안았다.

'고맙고, 사랑한다 내 딸들아.'

나를 깜짝 놀라게 해 주려고 막내딸이 오는 것을 말 안 했단다.

막내딸 차를 타고 집으로 가다가 오빠 집에 들러 동생이 전해 주라고 한 선물을 드리고 식당으로 갔다.

막내딸이 부대찌개를 사 주어서 먹고 집에 도착했다.

두 딸이 집에 와서 짐을 풀어 주고 돌아갔다.

집에 오니 손녀딸이 내 목을 끌어안고 깡충깡충 뛰면서 내가 많이 보고 싶었단다.

며느리가 '잘 다녀오셨어요.'라며 반겨 주었다.

가족이란 이런 것이구나.

내 집에 왔다는 게 이렇게 편안하고 좋은 것을.

집을 나가 보지 않았기 때문에 이런 감정을 느껴보지 못했다.

가족이란 이렇게 좋은 것을, 내가 사는 동안에는 좀 더 잘해야겠다.

6. 가족사진

과거

  이야기를 하자면 60년 전으로 올라간다.

  부모님의 반대를 듣지 않고 내 고집대로 시작한 삶에 고난이 올 줄은 몰랐다. 가난한 시집에서 산다는 게 이렇게 힘든 줄 몰랐다. 부모 잘 만나 배고픈 것을 몰랐으니까.

  아침, 점심은 밥, 저녁은 국수로 12식구의 식사 당번은 나 혼자였다. 딸을 낳고 점점 더 힘들어졌다. 후회한들 때는 늦었고 달라지는 것은 없다. 친정에서 살던 때가 그리워 수없이 눈물을 흘렸다.

  '아버지께 맞아 죽는 한이 있어도 친정집으로 가자.'

  딸을 업고 친정으로 갔다. 나를 보신 아버지는 내 꼴이 불쌍했는지 아무 말씀도 하시지 않았다.

  한의사인 아버지와 오빠 덕분에 편안하게 살게 되었다.

  어느 날 남편이 찾아와 같이 가자고 했다.

  나는 절대로 그곳에 가지 않겠다고 말했다.

  아버지가 남편에게 돈을 벌어 따로 방을 얻어 놓고 데려가라고 말씀하셨다. 남편은 혼자 돌아갔다. 그때 생긴 아이가 둘째 대명이었다. 자두가 먹고 싶어 한 접을 사서 치마폭에 다 쏟아 놓고 먹었던 기억은 잊을 수가 없다.

  배는 불러오는데 무슨 악연인지, 운명의 장난인지, 다시는 안 가겠다고 다짐했건만 돌아갈 수밖에 없는 기막힌 사연이었다.

금방 돌아오리라고 간 것이 되돌아오지 못하고 잡혔다.

또다시 고난이 시작되었다. 생각하고 싶지 않은 끔찍한 일들이었다. 나무도 해 올 줄 모르는 무능한 남편 때문에 내가 해야 했다.

공사판 일이 거의 끝나 가고 살기는 더 힘들어졌다.

도토리를 주워다 삶아 꿀밤을 해 먹으려고 산에 올라갔다. 도토리를 주우려고 이곳저곳을 헤매다 옻나무인지도 모르고 스치고 다녔다. 도토리를 주워 머리에 이고 부른 배를 안고 집에 왔다. 가마솥에 물을 붓고 도토리를 넣어 삶느라고 불을 땠다.

금방 얼굴이 화끈거리며 벌게지더니 물집이 생기고 헐기 시작했다. 옻나무에 스치고 불 옆에 가면 안 되는데 몰랐던 것이다.

불 옻이 되어 얼굴과 팔에 누렇게 곱이 끼어 흉물스럽게 되었다.

얼마나 아프냐고 위로는 못 해 줄 망정, 남편은 징그럽다고 자기 앞에 보이지 말라고 했다. 저런 사람을 따라온 게 두 눈을 뽑아 버리고 싶을 만큼 후회됐다.

누가 닭을 잡아 삶은 물에 여러 번 얼굴을 씻고 닭은 삶아 먹으라고 가르쳐 주었다. 그렇게 했더니 싹 나아서 정상이 되었다.

산달이 되어갈 무렵 꿈을 꾸었다.

고향집 뒤에 올라갔더니 큰 구렁이가 긴 울타리를 끼고 눈을 껌벅껌벅하면서 나를 쳐다보고 있었다.

나는 하나도 무섭지 않았다.

큰 구렁이는 개구리를 입에 물고 있었다.

나는 "이런 거 먹으면 안 돼." 하며 개구리를 빼앗았다.

큰 구렁이는 순순히 내놓았다.

며칠 후 10월 9일, 한글날 오후에 아들이 태어났다.

한글날 태어났으니 큰 인물이 되지 않을까 기대를 했다.

아버님이 구렁이 꿈을 꾸었다고 대명이라고 이름을 지어 주셨다.

달이 갈수록 아이 인물이 사내답게 잘생겨졌다.

갸름한 얼굴에 오뚝한 코, 쌍꺼풀진 눈, 동실한 머리까지 나무랄 곳이 없었다.

동네 아줌마들이 서로 데려가려고 했다.

아줌마들은 대명이를 데리고 놀다가 데려오곤 했다.

공사판 일이 다 끝나 모두 떠나가고 겨울이 왔다.

벌어놓은 돈은 없고 살길이 막막했다.

다행히 취로 사업에 나오라고 해서 길 닦는 일을 했다. 그랬더니 20킬로그램 밀가루 한 포대를 면사무소에 와서 가져가라고 했다. 면사무소에서 집까지 20리가 넘는 거리를 한 번도 쉬지 못하고 왔더니 목이 부러진 줄 알았다.

받아 온 밀가루로 나물 풀대죽을 쑤었다. 시아버지는 병이 들어 움직이지 못하고 따로 드려야 했다. 어린 시누이 둘과 우리 네 식구, 일곱 식구가 살아야 했다. 술지게미도 얻어다 사카린을 섞어 먹기도 했다. 그해 겨울은 왜 그렇게 추웠는지….

젖이 모자라 아이는 배가 고파 얼굴이 파래지도록 울다가 지쳐 늘어지

곤 했다. 시아버지는 아이가 왜 그렇게 우느냐고 야단을 치셨다. 배가 고
파 운다고 말도 못 하고 애간장만 태웠다.

　봄이 되자 시아버지의 병이 호전되어 두 딸을 데리고 강릉으로 가셨다.
우리 네 식구만 남았다.
　동냥 살이 하듯 근근이 살다가 아이 들만 데리고 엄마가 계신 곳 삼화
내 고향으로 갔다.
　외할머니는 "대명은 구렁이란 뜻인데, 왜 애 이름을 대명이라고 지었
냐?"라고 말씀하셨다.
　개구리를 뺏은 꿈도 안 좋다고 하셨다.
　아이들은 홍역을 앓았다. 딸의 홍역이 끝나자 대명이가 시작했다.
　엄마는 홍역 마중은 안 가는데, 이 동네 홍역이 도는데 왔다고 걱정을
많이 하셨다.
　홍역 바람을 맞으면 안 된다고 했는데 너무 더워서 솔바람이 부는 시원
한 곳으로 아이를 데리고 갔다. 에미란 것이 철이 없어 참지 못하고 아이
를 죽음으로 몰아간 것이다.
　아픈 아이를 데리고 애비가 있는 정선으로 갔다.
　삼복더위에 버스는 덜컹거리는 비포장도로와 고개를 넘으며 달렸다.
사북쯤이었던 것 같다. 대명이는 더위를 이기지 못하고 버스 안에서 돌
을 한 달 앞두고, 이 땅에서 열한 달을 살고, 육은 내 품에 영은 하늘로
떠났다.
　죽은 아이를 안고 가는 내 심정을 어떠했겠는가?

죽은 아이를 안고 걸어 보았는가?

걸음이 걸어지지가 않았다.

아이를 방에 눕혀 놓고 혹시나 살아날까 했지만 허사였다.

내 아들 대명이가 태어난 곳은 무릉, 돌아간 곳도 무릉이다.

정선 무릉산에다 육을 묻어 주었지만 항상 내 마음속에는 젖 한 번 실컷 먹여 주지 못한 것이 한이 되어 묻혀 있다.

내가 아들을 죽였다는 죄책감에 두통을 심히 앓았다. 심할 때는 머리가 뽀개지는 것 같아 머리를 감싸고 뒹굴기도 했다.

두통은 주님을 영접하고 죄 씻음을 받아 말끔히 나았다.

서울로 와서 열심히 살았다.

그 후 딸 둘을 더 낳고 아들 하나를 낳았다.

1남 3녀를 다 출가시키고 손자 손녀가 9명이다.

그러나 내 마음속에는 잊을 수 없는 그리움 하나가 있다.

내 아들 대명이.

지금도 어릴 때 그 모습이 눈앞에 선하게 떠오른다.

나를 쳐다보고 벙글벙글 웃으며 좋아하던 그 얼굴.

내가 하늘나라에 가면 거기서 만날 수 있을 것을 확신한다.

내 고향 삼화

남동생이 카카오톡으로 어릴 때 살던 고향 삼화의 모습을 동영상으로 보냈다. 세 번 변한다고 하여 삼화라 불렸다.

첫 번째 변화는 철광산이다.

삼화에서 북평까지 길을 닦아 철을 운반하는 가시랑 차가 다닐 수 있게 철로를 놓았다.

철이 나오는 곳마다 터널을 뚫어 철을 북평 공장으로 운반해 모아진 철은 모두 일본으로 가져갔다. 해방되면서 일본 사람들은 도망갔고, 철이 나오지 않자 폐광되었다.

이곳 사람들은 다시 논농사 밭농사를 지었다.

사과밭, 복숭아밭, 감나무….

집집마다 감나무, 살구나무, 자두나무. 앵두나무가 많다.

두 번째 변화는 쌍용 시멘트이다.

회사를 만들려고 이곳 땅을 모두 사는 바람에 우리 집도 아버지가 팔아 날려 버렸다.

어릴 적 기억으로는 따뜻한 양지쪽 옆에는 동산이 있고 우리 집 앞에 집이 두 채가 있었다. 우리 집이 제일 컸었다.

할아버지께서 하시는 말씀을 들었는데 이 집을 지을 때 대들보를 얹어야 하는데 지고 올 사람이 없었단다.

인부들은 많은데 대들보를 지고 올 힘 있는 사람이 없어서 열여덟 살인 우리 아버지가 산판에서 우리 집까지 지고 와 깎아서 대들보를 얹었다고 했다. 사람들은 아버지를 화물차라고 불렀다.

우리 집은 열 칸이었던 것 같다.

사랑방엔 한의사였던 할아버지가 계셨고 뒷방은 약방이었다.

천장에는 약 이름이 쓰인 봉지가 가득 달려 있었고 진열장에도 약이 가득했다.

약장의 작은 서랍들엔 약 이름이 새겨져 있었다.

큰 방은 우리 남매들이 자라고 안방은 엄마, 아버지가 쓰셨다.

내가 여덟 살 때 6·25 전쟁이 터진 것 같다.

엄마가 솜을 놔서 고깔모자를 만들어 오빠와 나에게 씌워 주었다.

할아버지는 오빠와 나만 데리고 피난을 가셨다. 할아버지 친구 집이라고 했다. 집 앞을 내다보니 바다와 모래밭이 있었다.

그 집에서 주는 밥은 먹을 수가 없었다. 밥알이 입안에서 뱅뱅 돌고 냄새가 나서 먹을 수가 없었다. 거의 굶다시피 했다.

우리 집으로 돌아와서 밥을 먹으니 맛있었다. 내가 냄새가 나서 먹을 수가 없었다고 하니 안남미 쌀이라고 했다.

그때 피난 갔던 곳이 지금 삼척 추암 촛대바위가 있는 곳이다.

우리가 다시 집으로 돌아왔을 때가 봄이었던 것 같다.

소 풀 먹이러 산에 갔더니 할아버지께서 내가 소를 잃어버릴까 봐 소의 목에다 방울을 달아 주셨다. 나는 방울 소리를 듣고 따라다녔다.

그날도 소 풀 먹이러 산에 갔다.

저녁때가 될 무렵 청년들이 소를 골짜기로 몰고 가면서 하는 말이 빨갱이들이 더바지(고개)로 넘어가는 길이라고 했다.

나는 우리 소가 움직일 때마다 딸랑딸랑 소리를 내어서 빨갱이들이 소리를 듣고 와 우리 소를 뺏어 갈까 봐 간이 콩알만 해졌다.

다행히 빨갱이들은 북쪽으로 넘어갔다고 했다.

나는 어두워져서야 집에 돌아왔다.

할아버지도 빨갱이들에게 잡혀 백봉령을 넘어가다가 이대로 가면 죽겠구나 싶어 얼른 산 밑으로 굴렀다고 하셨다. 그렇게 숨어서 밤새도록 산을 넘고 넘어서 집으로 돌아오셨는데 옷은 다 찢어지고 몰골이 말이 아니었다고 한다. 죽지 않고 돌아온 것이 천운이었다고 하셨다.

백봉령은 아흔아홉 구비라서 백봉령이라 불렀다.

지금도 강원도 동해에서 정선을 가려면 백봉령을 넘어야 한다.

지금은 길을 많이 고쳐 좋아졌다고 한다.

그때 내가 아홉 살이었는데 소 먹이라고 학교에 보내 주지 않았다. 나는 혼자 학교에 찾아가 교실을 기웃거리고 있었다.

수업 중이던 남자 선생님이 나와서 왜 그러냐고 물었다.

"학교에 다니고 싶은데 어떻게 하면 되나요?"

"내일부터 나와라. 몇 살이니?"

"아홉 살이요."

"3학년 교실로 오너라."

그 후 나는 빠지지 않고 학교에 다녔다. 엄마가 오늘은 학교에 가지 말고 애기를 보라고 하면 아침도 굶고 책보를 안고 학교에 갔다. 나는 학교에 가는 것이 그렇게 좋았다.

　장지문을 열고 들어가면 부엌 부뚜막에 소 죽을 끓이는 큰 가마솥, 국솥, 밥솥이 나란히 있다.

　밥을 푸고 쌀뜨물을 받아 끓이면 숭늉도 구수하고 누룽지도 맛있다.

　뒤쪽 외양간엔 소가 있고 저녁이 되면 닭들이 홰에 올라가 잔다.

　옆 곳간에는 자물통이 항상 잠겨 있었다. 그 곳간 안에는 가지가지 물건과 곡식들로 가득 차 있었다.

　뒤꼍으로 나가면 디딜방아가 있고 또 큰 독에 봄배추를 뽑아 소금물에 절였다가 씻어 여름내 먹는다. 장독대에도 갖가지 장들이 가득하다. 묵혀 가며 먹기 때문에 항상 가득하다.

　자두나무와 앵두나무가 울타리가 되어 든든하다.

　대방실 감은 할아버지가 궤짝에다 짚 한 쾌, 감 한 쾌씩 많이 넣어 두었다가 겨울에 꺼내 먹으면 달고 맛있다.

　침감나무도 많은데 감을 깎아 곶감을 만들어 두고 먹기도 한다.

　사랑채 앞에 있는 신고 배나무가 갈바람에 떨어지면 주워다가 깎아 먹으면 물도 많고 달기도 하여 잊을 수가 없다.

　명승지인 두탄산, 청옥산, 용추폭포, 상탕, 중탕, 하탕 또 무릉계곡….

　무릉계곡 너래 위에는 지금도 외할아버지의 함자가 새겨져 있다.

　훈장 선생님이셨기에 제자들이 많아 그곳 위에는 할아버지 성함 밑에는 제자들의 이름이 수없이 많이 새겨져 있다. 얼마나 깊이 파 놓았는지 지금도 뚜렷하게 남아 있다. 혹시 그곳에 가시면 찾아보시라.

　세 번째 변화는 무릉 관광지이다.

　석회를 파낸 지 근 사십 년, 2017년도에 석회가 나오지 않아 폐광이 되고 막을 내렸다.

　이곳 사람들이 마음을 모아 이곳을 다시 살릴 계획을 세워 관광지로 세웠다고 한다.

　석회를 파낸 곳에 못이 생겨 옥색 물이 가득 찼고 석회를 파낼 때 쓰던 차들을 전시용으로 두고 모노레일도 놓고 놀이기구도 만들어 놓고 여러 가지 전시장과 관광지로 만들었다고 한다.

　이름 그대로 세 번 변하여 삼화가 되었다고 자랑스러워한다는데 나는 발가벗겨진 산들과 내가 살던 고향을 찾아보고 싶다.

　정말로 아름답게 변했을까?

　진정 이름 있는 관광지로 새로워졌을까?

　내 눈으로 확인하고 싶다.

그리움

어린 시절 내가 자라던 고향은 참 아름다웠지
붉게 피는 복사꽃, 연분홍 앵두꽃…

하얀 자두꽃이 바람에 날려 떨어질 때는
흰 눈이 내리는 것 같았지

이 꽃들은 저마다 다른 향기를 내뿜으니
벌들이 향기 따라 좋은 꿀을 따겠다고
이 꽃 저 꽃 바꿔 가며 날아다녔지

저 먼 산을 바라보면
병풍을 두른 것같이 아름답고 고왔지

보고 싶어도 볼 수 없는 그곳
내 고향

지금은 산을 다 벗기고 갉아먹어
돌가루 허옇게 날려 변해 버렸지

그 옛날 맑고 깨끗한 공기와
아름답던 산들은 다 어디로 이사를 가고

지금은 백골만 남아
옛날을 그립게 하네

어머니

딸을 잘못 키웠다며 아버지는 어머니께 밥상을 몇 번이나 덮어씌우셨다.

사랑 때문에 죄 없는 어머니께 고통과 아픔을 드린 불효녀였다.

결혼은 했으나 너무 가난했다.

부모의 마음은 얼마나 아팠을까?

못사는 딸이 안타까워 하시는 말씀이 "돼지우리 같아도 네 집이 있는 것을 보고 죽으면 여한이 없겠다"고 하셨다.

세월이 지나 조그만 집을 샀다.

어머니가 집에 오셔서 보시고 이제 죽어도 한이 없다고 하셨다.

지금은 더 큰 집을 사 살고 있지만 어머니는 떠나고 계시지 않는다.

지금 보셨더라면 얼마나 좋아하셨을까?

그 모습이 눈에 선하다.

귀한 손님

내 아래 여동생 이야기이다.

평생 가슴에 묻고 애태우던 아들이 있었는데, 생사를 알지 못해 가슴 저미며 살던 어느 날 아들에 대한 소식이 왔다.

네덜란드로 입양을 갔다고 한다.

아들은 엄마가 보고 싶어 계속 찾고 있었다.

9월 20일 만나기로 약속을 하고 우리 쪽 여섯 가정이 홀트로 갔다. 42년 만의 모자 상봉이었다. 제 아버지를 꼭 닮아 의심할 여지가 없었다.

함께 점심을 먹었다.

덕수궁 앞 한옥마을을 통째로 빌려 이야기꽃을 피웠다.

막냇동생 딸들이 통역을 해서 이야기를 하는 데 불편함이 없었다.

다음 날 아침 아들은 엄마의 손을 꼭 잡고 궁금했던 것을 물었다. 그리고 엄마의 선물을 사서 42년 만의 생일 선물이라며 목에 걸어 주었다. 다음날이 출국이라 호텔에 데려다주고 우리는 집으로 돌아왔다.

여동생이 아들을 잃어버린 것은 아버지란 사람이 딴 여자와 바람이 나서 여동생 몰래 입양을 보내고 사라졌기 때문이었다.

여동생은 그렇게 혼자 지내다가 재가하라는 주변의 권유로 시골로 내려갔다. 그곳에서 재혼해서 딸을 하나 얻고 전실 아들과 딸들을 키워 시집 장가를 보냈다.

그렇게 자녀들을 키우고 늙은 내 여동생은 와사라는 병에 걸려 고생하고 있었다. 그때 아들을 만나게 된 것이다.

아들을 다시 보내고 여동생은 한의사인 오빠에게 치료를 받고 약을 먹었다. 병세가 많이 좋아졌다.

여동생의 마음이 한결 가벼워진 것 같아 기쁘다.

막내 여동생이 자기 차로 강원도 횡성에 데려다주었다.

그리고 장독대를 정리해 주고 오니 내 마음이 가볍다.

동생

전라도 담양에 여동생이 살고 있다.

농토가 많아 놀릴 수가 없어 논에는 모를 심고, 밭에는 고추와 채소를 심어 놓아 쉴 새 없이 움직여야 한다.

삼십 년 전 동생은 교통사고로 남편을 잃고 자신은 온 전신이 부서져서 여기저기 쇳조각을 박고 산다.

그 긴 세월 동안 1남 3녀를 홀로 키워 시집, 장가를 보냈다.

동생은 공무원이 되겠다고 시집도 안 가고 공부만 하고 있는 막내딸이 걱정이라고 했다.

입이 짧아 잘 먹지 못해 바싹 마른 동생이 힘들게 일하는 것을 생각하면 마음이 아린다.

얼마 전에 반찬을 좀 만들어 택배로 부치고 전화를 했다.

받질 않아서 저녁에 또 했다.

동생이 숨이 차게 전화를 받는다.

"낮에 했더니 안 받더라."

"종일 논에서 풀 뽑느라고, 가물어 풀이 잘 안 뽑혀서 지금까지 일하다가 막 들어왔어."

"시장하겠다. 반찬을 좀 해서 보냈으니 어서 꺼내서 밥 먹어라."

"알았어. 언니, 고마워."

며칠 후 동생에게 영상 전화가 왔다.

"언니에게 보여 주려고 고추를 따서 씻어 건조기에 넣어 말리려고. 고추가 예쁘지?”

영상 속에는 고추를 보여 주는 동생의 얼굴이 보였다.

햇볕에 그을려 검게 된 얼굴. 누가 이마와 뺨에 저렇게 많은 줄을 그어 놓았을까? 쪼글쪼글한 얼굴에 말라서 살이라고는 찾아볼 수 없다. 정신력으로 버티나 보다.

가서 도와주고 싶지만 마음뿐이다.

“언니! 언니가 반찬을 보내 줘서 그것 가지고 요즘 밥을 먹고 있어. 언니, 고마워! 언니 들어가.”

“그래, 다음에 또 통화하자.”

산다는 게 무엇일까?

애처롭다.

달력

나는 해가 지나고 난 달력을 잘라 공책을 만든다.

한문도 공부하고 글도 쓴다.

남편에게 공책을 집을 집게와 사인펜을 사 달라고 했다.

다음날 남편은 재룟값이 만 원이 들었다며 열심히 써 보라고 집게와 사인펜을 사다 주었다.

내 방은 거실이다.

남편은 거실에서 자는 내가 추워 보였는지 손녀딸하고 나에게 캐시미어 이불을 사 주었다.

'이 양반이 마음이 변했나? 자기밖에 모르는 사람이 이상하네.'

나는 그런 남편이 이상했다.

남편에게 고칠 수 없는 병이 들었다.

어이 할꼬….

남편의 손이 닿지 않는 것이 하나도 없다.

쓰레기 분리수거, 청소, 빨래….

방방을 다니면서 잔소리와 함께 치우고 다녔다.

그러던 남편이 지금은 병원에 있다.

집안을 돌아다니며 치우는 모습이 눈에 선한데 그를 멀리 보내고 나면 잔소리도 그리워지겠지.

십 년만 더 살 수 있다면 많이 도와줄 텐데.

하루살이 인생

어제 살아 숨 쉬던 자가 오늘 숨이 끊어져 세상과 이별한 지 벌써 사 개월이 지났다.

잔소리가 듣기 싫어 피해 다녔던 나.

귀한 줄 모르고 항상 옆에 있을 줄만 알았다.

그는 더 있고 싶었으리라.

하나님이 부르시니 떠났다.

그가 하던 일들에 고마운 줄 몰랐는데, 이제 와 생각하니 참 고마운 사람이었다.

지나간 과거는 생각 말자 해도 문득문득 생각이 난다.

남은 삶을 사랑하며 살자고 했지만, 그 약속 못 지키고 떠나 버린 그를 원망할 수 없다.

십 년만 더 살고 싶다고 했다.

살릴 수만 있었다면 그리했으리라.

미워하지 말 걸 후회한다.

없는 것보다 있는 것이 더 낫다는 것을 그땐 몰랐다.

속이 썩는 줄 모르고 겉만 고치다 간 사람.

잠깐인 인생을 하나님이 부르시면 "여" 하고 가리라.

봄 여름 가을 겨울

봄은,

님을 보내느라 정신없이 지나갔고

무더운 여름을 맞아,

땀도 많이 흘리게 하더니

성큼 다가오는 가을바람에 배구공을 맞은 것처럼 날아가고

가을바람은,

온 산천을 울긋불긋 물들여 놓고

겨울바람이 무서워 도망가듯 가겠지?

또 겨울바람은,

동장군을 데리고 와 얼마나 많은 사람들을 떨게 할까?

뒷동산

며칠 전 영감과 함께 화계사 둘레길 계단을 올라 뒷동산 정자에 갔다. 정자에 앉아 말을 꺼냈다.

"우리가 살면 얼마나 산다고 남은 인생 재밌게 삽시다."

나의 말에 영감은 시원하게 대답을 하지 않았다.

쓸쓸하게 집으로 돌아왔다.

몇 년이 지난 어느 겨울에 갑자기 내가 거실에서 자는 것을 보고 추워 보이고 불쌍하다며 이불을 사 주겠다고 했다.

나는 속으로 '이 양반이 죽으려고 마음이 변했나?' 생각했다.

안 사 줘도 괜찮다는데도 굳이 사 주겠다며, 바쁘다는 아들을 데리고 이불집에 갔다. 급하게 사는 바람에 제대로 고르지 못했다.

내 것과 손녀딸의 이불을 잘못 사서 덮지도 못하고 버렸다.

다음 해 영감은 돌아오지 못할 길을 가고 말았다.

그리움보다 원망과 미움이 더 크다.

문득문득 나를 괴롭게 하고 고통을 주었던 일들이 떠올라 잊어 보려고 애를 쓰지만 잘 안된다.

영감과 살면서 좋았던 일을 생각해 보니 칠순 잔치를 한 날이었다. 그 날이 내 일생에 가장 행복했던 날이었다.

영감에게 고마운 것은 착한 아들과 딸들을 얻은 것이다.

아들과 딸들 덕분에 참고 살 수 있었으니까.

영감에 대한 아쉬움보다 코로나를 겪지 않고 간 영감이 복이라고 생각한다.

다래꽃과 그리움

임은 멀리 떠나 다시 돌아오지 못할 길을 가고 없는데, 다래나무는 꽃망울을 맺으며 벌들을 맞을 준비를 하고 있다.

기다리는 동안 꽃은 활짝 피었고 향기를 풍긴다. 벌들이 몰려와 이 꽃 저 꽃으로 분주히 날아다니고 꽃잎은 힘없이 떨어진다.

수북이 떨어진 꽃잎을 보고 마당을 쓸며 불평하던 그 사람이 생각난다. 깔끔한 그 성격도 자기 속에 들어온 병은 치울 수 없었나 보다.

꽃잎이 떨어져 간다.

바람이 심술을 부리나?

꽃잎을 이리저리 뒹굴게 한다.

'그 사람이 얼마나 힘들었을까?'

하루에 몇 번씩 마당을 쓸면서 생각한다.

다래나무가 늘어지지 말라고 동발을 받치고 가름대를 자르고 철사로 곳곳 묶어서 튼튼하게 해 놓았는데….

바라보니 눈물이 난다.

이것이 그리움인가?

돌아보니

　10년 전 당신 손잡고 이곳 동산에 올라와 정자 밑에 앉아서 '우리 남은 시간 싸우지 말고 재미나게 삽시다.' 했었는데 재미나게 살지도 못하고 당신은 떠나고 없네요.

　지금은 나 혼자 정자에 앉아 지난 일들을 생각하니 무엇을 위해 살았는지 아련하구려.
　마른 가지에 싹이 나기 전에 당신은 떠나갔고, 그리고 바로 잎이 피고 꽃도 피고 온 산천은 푸르게 우거져 풀벌레, 매미, 새소리에 내 마음은 울적해지오.
　뜨거운 여름도 지나고 가을이 성큼 다가오네요.

　올여름 나는 유난히도 땀을 많이 흘렸는데, 그 이유가 당신이 하던 일을 내가 하느라고 힘들어서인 것 같아요.
　그리움이라 할까? 외로움이라 할까? 무언가 허전하고 공허한 마음을 무엇으로 채울지 모르겠어요.
　가볍게 떠날 수 있도록 다 비우고 털어내고 가벼운 마음으로 다음 길을 준비해야겠어요.

기일

시간은 소리 없이 달려가 영감이 간 지 벌써 1년이 지났다.

기일이라고 세 명의 사위도 함께 추도 예배를 드렸다.

의젓하게 예배 인도를 하는 아들을 보며 흐뭇했다.

예배를 드린 후 산소에 갔다.

눈이 내려 눈꽃이 피었다.

마치 동화 나라에 온 것 같았다.

돌아오는 길에 영감과 함께 먹던 떡갈비 집에서 점심을 먹었다.

차를 마시려고 카페에 갔는데 가족 단위로 온 사람들이 많아서 자리가 나질 않았다.

어쩔 수 없이 각자 집으로 돌아갔다.

그리고

밤새 눈이 내렸다….

가족사진

　80번째 맞는 생일은 코로나 때문에 모이지 못하고 아롱다롱 생일 축하를 받았다. 모두에게 감사한다.

　며느리 건강 때문에 울적했었는데 큰딸 손주들이 전화로 생일 축하한다며 다음에 거하게 한턱 쏘겠다고 했다.

　손주들의 축하에 힐링이 되어 기분이 밝아졌다.

　창문으로 햇빛이 쨍 비추며 생일 축하를 해 주었다.

　작년에 극락조가 활짝 피어 생일 축하를 해 주었는데 베란다가 춥기도 하지만, 올해는 유난히 추운 기온 탓에 꽃대가 올라오다 움츠려 자라지 못하고 멈추었다.

　나 또한 길이 얼어 꼼짝 못 하고 방에만 있다.

　날이 풀려 따뜻해지면 활짝 핀 극락조 꽃을 볼 수 있을까?

　추운 겨울이 빨리 가고 따뜻한 봄이 왔으면 좋겠다.

　새로운 정원에 무슨 싹들이 숨어 있을까?

　지하방 남자 말에 의하면 많은 꽃이 심겨 있다고 하는데 확인하고 싶지만 지금은 눈 속에 묻혀 있으니….

내 방 벽엔 젊었을 때 아들, 딸들과 찍은 사진들을 걸어 놓았다.

하루에도 몇 번씩 쳐다본다.

'내가 저렇게 젊었을 때도 있었구나.'

지금은 백발 머리에 얼굴에 주름만 가득.

줄을 그어 놓았다면 지우기라도 할 텐데, 지워지지 않는 주름만 가득하네.

팔순

팔순 잔치가 필요 없다고 했던 내가 깜짝 놀랄 생일상을 받았다.

나 몰래 사 남매가 뜻을 모아 생일 준비를 한 것이다.

여기저기서 모여 오더니 내방에다 아들과 딸들이 장식하기 시작한다.

금색 커튼을 치고 "늘 감사하고 사랑합니다"라는 문구가 적힌 플래카드를 걸고 금색 별풍선을 달고 반짝이 면류관, 풍선으로 접은 꽃들과 금색으로 80이란 숫자까지 여기저기에 장식해 놓으니 다른 세상에 온 것 같다.

막내 사위가 사회를 보는데 전문 진행자 같다.

큰상 위엔 갖가지 과일과 가지각색 생화로 장식된, 리본에 "믿음의 어머니 생신을 축하드립니다."라고 쓰여 있는 큰 꽃바구니가 놓여 있었다.

내 평생 이런 꽃바구니는 처음 받아 보았다.

위로 딸 셋, 막내아들, 친손자 손녀가 꽃으로 장식한 떡케이크를 준비해 와 올려놓고 자리에 앉으라고 해서 앉았다.

"감사패 증정이 있겠습니다."라는 사회자의 말에 아들이 '존경하는 어머니'라고 시작하는 감사패를 읽었다.

며느리와 함께 증정하여 기쁘게 받았다.

엄마를 존경한다는 자식들이 세상에 얼마나 있을까?

내 자녀들은 효자 효녀이다.

더 놀라운 것은 외손자 손녀들이 돈을 모아 할머니에게 금반지를 해 주려고 의논을 했다고 한다.

친손자는 대학생이라 뺐더니, 손자가 자기도 할머니 손자라며 아르바이트를 해서 돈이 있으니 끼워 달라고 했단다.

여덟 명의 손주가 금반지를 가져와 증정했다.

친손자가 십자가 모양을 한 금반지를 내 손가락에 끼워 주며 뽀뽀를 해 주자 모두 박수갈채로 축하해 주었다.

작은 손녀가 목걸이를 끼워 주고 큰손녀가 붉은 상자에 장미꽃 장식을 가져와 나보고 일어서라고 했다.

"이 줄을 당겨 보세요."

상자를 당겼더니 돈이 줄줄이 나왔는데 사임당과 세종대왕이었다.

감동에 입이 다물어지지 않고 귀에 걸렸다.

큰 손자 손부가 예쁜 봉투를 주었다.

작은 손자도 봉투를 내민다.

손자와 손녀들에게 편지가 가득 담긴 봉투, 반지, 현금… 감동, 또 감동 이다.

내가 가끔 적어 둔 시를 큰 사위가 낭독하는데, 멋지게 읽어 주어서 남 의 것을 듣는 것 같았다.

또 둘째 사위가 한 편을 낭독했더니 모두 눈시울이 붉어지고 막내 사위 는 연신 눈물을 닦았다. 둘째 사위가 시를 잘 썼다며 액자에 넣어 벽에 걸어 두라고 했다.

친손녀는 중3인데 돈이 없어 함께하지 못했다며 립스틱을 주며 말했다.

"할머니, 삼십 년만 더 살아."

"너무 했다."

"그럼 이십 년만 더 살아, 학교 졸업하고 돈 벌어서 할머니 목걸이 팔찌 다 해 줄게."

"아이구, 내 손녀딸이 잘 컸구나."

"할머니가 잘 키웠지."

식사는 아들 며느리가 구리까지 가서 싱싱한 회와 내가 좋아하는 멍게를 사 오고 많은 음식을 준비해 잘 먹었다.

끝날 무렵에 큰사위가 조카들 용돈을 주었다.

둘째 사위가 나와 큰딸을 데리고 여행을 자주 가는데, 자기는 잘 못 가니 둘째 동서에게 어머니 모시고 맛있는 것도 사 드리고 구경도 시켜 드리라며 둘째 처제와 자기 처에게 각각 오십만 원씩 통장에 넣어 주었다.

내가 대충 알기에 백오십만 원은 더 쓴 것 같다.

사위들이 나를 즐겁게 해 준다고 고스톱을 치자기에 함께 즐거운 시간을 보냈다.

사 남매에서 늘어난 식구들이 사위 셋, 며느리 하나, 손자 손녀 아홉 명. 그리고 증손주가 세 명이다.

이렇게 한자리에 모이기가 쉽지 않은데 오늘 우리 집에 다 모여 즐거운 시간을 보냈다.

긴 세월 힘들게 사느라 잘해 준 것도 없고 너무 오래 살았나? 할 때도 있었지만, 자녀들의 존경한다는 말에 '자식들 잘 두었구나' 하는 생각이 든다.

지금은 삶의 보람을 느끼고 기쁘고 행복한 즐거운 날이다.

이렇게 대접받는 것은 하나님의 은혜다.

늘 기도하며 살았기에 하나님께서 나의 자녀들에게 효심을 주신 줄 믿는다.

남은 삶은 후회 없이 하나님 사랑에 본이 되어 많이 베풀고 나누며 쉬지 않고 열심히 기도하리라.

하나님이 부르시는 날까지 주님이 나와 함께 동행해 주시기를 소망합니다.

감사

하나님의 부르심을 받고 오십이 년 동안의 삶을 뒤돌아보면, 아픔도 괴로움도 많았지만 주님의 사랑으로 이겨 냈다고 확신한다.

늙어 백발이 되고 주름진 얼굴이지만 팔십오 세라고 믿기지 않을 만큼 꼿꼿한 허리와 건강을 주신 주님의 은혜를 세상에 자랑하고 싶다.

『돌꽃』 책을 발간한 지 십여 년이 지났는데, 소문을 듣고 책을 달라는 사람들이 지금까지도 있다. 돌꽃을 읽어 본 사람들의 감동을 들을 때마다 나에게 건강을 주신 분도, 돌꽃을 쓰게 하신 분도 하나님이시라고 증거한다.

나는 주변 사람들에게 성경을 많이 읽으라고 권한다. 수십 번을 읽어도 읽을 때마다 성령의 감동을 받는다.

하나님께서는 대선지자, 소선지자를 쓰신다. 그중 강하게 쓰신 대선지자 모세, 사무엘, 엘리야, 엘리사, 이사야, 예레미야, 에스겔, 다니엘은 하나님의 명령대로 순종하느라 몸도 마음도 많은 고난을 받았다. 하지만 지금 현실에는 하나님의 뜻을 온전히 따르는 교역자들이 많이 없다.

자기주장, 자기 뜻대로 하는 자가 많으니 하나님의 뜻이 어찌 이루어지겠는가?

시대의 흐름을 보면 때가 가까이 오지 않았나 싶다.

지금까지 잊고 있던 아들의 말이 기도 중에 생각났다. 교회로 기도하러 간 엄마가 갑자기 내린 비를 맞을까 걱정돼 우산을 가지고 기다리면, 엄마와 집에 올 때 비가 그치는 경험을 여러 번 했다고 신기하다고 말했다. 비가 올 때마다 교회로 달려온 아들, 효자가 아닌가?

나도 수없이 이런 일을 체험했다.

부족한 것이 많은 나를 불쌍히 여겨 늘 돌보아 주신 것이라 믿는다.

주님이 옆에 계시다는 것이 느껴져 늘 감사가 나온다.

또 감사한 것은 책을 쓰고 싶어 하던 마음의 소원을 이루어 주심이다.

『돌꽃』이 출간되고 십여 년 동안 일기처럼 써 내려간 글들이 엮어져 『하늘빛과 일기장』이라는 제목으로 세상의 빛을 보게 되어서다. 낱장의 원고들을 차곡차곡 꿰어 준 양딸에게 감사를 전하고 싶고, 아름다운 책으로 출판해 주신 하움출판사 담당자들께도 감사를 전하고 싶다.

무엇보다 『하늘빛과 일기장』이라는 제목을 가르쳐 주시고 강한 성령으로 충만하게 하시는 하나님께 감사드린다. 부르시는 그날까지 하나님의 사람으로 주의 사랑을 증거하고 싶다.

"하나님. 영광, 영광 받으소서."